岩瀬真寿美著

人間形成における「如来蔵思想」の教育的道徳的意義

国書刊行会

人間形成における「如来蔵思想」の教育的道徳的意義　目次

凡例

一、引用文献や参考文献の著者の敬称を省略させていただいた。

一、引用箇所については、適宜、旧字体を常用漢字に、歴史的仮名づかいを現代仮名づかいに、漢字を平仮名に置きかえ、句読点をおぎなった箇所がある。

一、引用文中の［……］は引用上の一部省略を示す。

序章

第一節　本研究の目的

本研究は、大乗仏教思想と現代の人間形成理論とのつながりをみいだすという教育理論研究である。大乗仏教において人間形成はどのように捉えられるのか。わが国の家庭教育、学校教育、社会教育、生涯教育、ジェンダーの教育、道徳教育におけるさまざまな課題を検討するにあたって、大乗仏教思想には教育的道徳的意義があるのではないかという仮説をもちながら、その意義を解明していくことが本研究の目的である。それはわが国の道徳的文化的源泉を追究することにもつながり、わが国における新たな教育理論の構築につながるものと確信する。

より具体的にいうならば、本研究の全体を貫くテーマは、大乗仏教思想の中に位置づく「如来蔵（tathāgatagarbha）思想」である。如来蔵思想は「仏性（buddha-dhātu）」思想ともいい換えられる。大乗仏教経典のひとつである『涅槃経』（*Mahāparinirvāṇasūtra*）の中にあることば「一切衆生、悉有仏性」がこの思想を一言であらわすことばとして一般的に知られている。如来蔵という語をはじめて世にあらわした、おなじく大乗仏教経典のひとつ『如来蔵経』（*Tathāgatagarbhasūtra*）の中では、九つの譬喩によって如来蔵思想が説かれている。その第一喩を以下に引用することによって、まずは簡潔に如来蔵思想のイメージを示したい。

たとえばなえ萎んだ蓮華の、その花弁がまだ蔽いとなって離れないのに、如来の在す蕚は汚されていない、とひとりの男が天眼をもって見るとしよう。その人はその花弁を開いて、そのなかに如来の身を見出す。内なる如来は煩悩によって変化せず、彼はあまねき世間の如来となる。それと同じく私もすべての衆生の、その身体のなかに安住する如来の身が、あたかも蓮華の花弁のような、幾千万の煩悩に蔽われているのを見る。そして私は煩悩の除去のため菩薩たちに常に法を説き、これらの衆生は仏になるはずと、如来になることを目ざして彼らの煩悩を除去する。(1)

この譬喩は大まかに次のような図式を提示している。

「なえ萎んだ蓮華の花弁」（譬喩）＝「幾千万の煩悩」＝「苦」＝「偽」……

「如来の在す蕚」（譬喩）＝「内なる如来の身」＝「覚」＝「真」……

上記の式は大ざっぱすぎるであろうが、これは如来蔵思想の概略を知るために有効であり、それを簡潔に提示しておくことは、本研究をすすめるにあたって、そのテーマである如来蔵思想をみうしなわないために必要な作業であろう。各項の右側に「……」と記しているのは、仏教思想において「苦」と「覚」は文脈によってさまざまなことばにいい換えられるからである。仏教の開祖として知られる現在のネパールで生まれた釈迦（Gotama Siddhārtha）は「四諦（cattārisaccāni）」を説いたとされるが、四諦はまさに「苦」と「覚」という両者の概念を説きながら両者の関係性を示したものであり、歴史的に派生してきたさまざまな仏教の宗派はすべてこれをもとにしている。四諦は「苦諦（duḥkhasatya）、集諦（samudaya-satya）、滅諦（nirodhasatya）、道諦（mārgasatya）」からなり、そのうち、苦諦と集諦が「苦」に相当し、滅諦が「覚」に相当する。そして「苦」と「覚」との関連性は道諦によって示される。道諦において「苦」と「覚」とは、「苦」から「覚」への矢印として示されており、いってみればその矢印自体が「覚」ともいえるのかもしれない。この点についての詳細は本研究をすすめながら論じるが、この四諦は人間が「病気をし（苦諦と集諦）、治療をし（道諦）、回復する（滅諦）」という一連の医学的モデルを示す点でとてもシンプルな考え方であり、如来蔵思想と深い関連がある。

ではつづいて、①なぜ今ここで大乗仏教思想に着目するのか、②その中でもとりわけ如来蔵思想に着目するのかについて述べておきたい。周知のとおり、現代のわが国の学校教育は戦後、西欧の教育制度や教育内容の影響を色濃くうけたものである。さらにその国や民族の文化的価値観が大きく影響すると思われる道徳教育についていえば、わが国にはなるべく宗派宗教的な色合いを排除していこうという方針がある。他方で平成一八年に改正された新教育基本法では、「豊かな情操と道徳心を培う」という表現や、「生命を尊び、自然を大切にし、環境の保全に寄与する態度を養うこと」、あるいは「伝統と文化を尊重し、それらをはぐくんできた我が国と郷土を愛する」といった表現が加えられており、宗教教育に関する項目には、これまでにはなかった「宗教に関する一般的な教養」の尊重についても加筆されている。(2) こういった現状にあって、大乗仏教思想の意義の再検討にむかうことを筆者に促すような諸々の著作もある。

たとえばＮＨＫのラジオ放送では、二〇〇五年度には「菩薩の願い～大乗仏教のめざすもの」、「仏教物語ジャータカをよむ」、「般若心経を語る」といった仏教思想に関する数々のプログラムが放送されており、それらを通して筆者は現代社会においても仏教思想が必要とされていることを痛感する。もちろん仏教思想に関する放送は毎年プログラムのタイトルが変わりながらつづいている。また仏教思想を主に紹介する生き方に関する啓蒙書は書店で数多くみかけることがあり、さらに一見すれば仏教思想とはそりが合わないように思われる科学と、仏教思想との密接な関連性について論じる新しい書物も出版されている。[3]

また視点を転じて、現代にわれわれが何気なくつかっていることばをみると、実は仏教思想の中でもちいられていた用語で、それが単独にもちいられるようになったものも多くあることが知られる。たとえば「注意」という語は仏教の「専注意一境」（専ら意を一境に注ぐ）からきている。[4] さらに文学作品の中には、小説家の芥川龍之介（一八九二―一九二七）の『蜘蛛の糸』（一九一八年）といった作品や、仏教思想に傾倒していた童話作家の宮沢賢治（一八九六―一九三三）の作品などがあり、これらは仏教思想に関するものではあるものの、学校教育の中でも取りあげられている。

より歴史的にさかのぼりつつ専門書にむかうならば、わが国でよく知られるものとして、平安時代から鎌倉時代に生きた法然（一一三三―一二一二）の浄土宗、その弟子である親鸞（一一七三―一二六二）の『教行信証』（一二二四年）、さらに親鸞の弟子である唯円（一二二二―一二八九）による『歎異抄』（一三〇〇年前後など諸説）、鎌倉時代の禅僧である道元（一二〇〇―一二五三）の『正法眼蔵』（一二三一―一二五三）など、現代のわが国の仏教諸宗派においてそれぞれ尊重されている思想を知ることができる。

ここにみてきただけでも、われわれの周りには仏教思想がいたるところに存在し、学校教育でふれられなくとも仏教思想を身近に感じる機会は少なからずあるということがわかる。しばしば揶揄されるように、葬式ぐらいしか仏教文化はわが国に根づいていないというわけでもないことがわかる。以上が、問い①なぜ今ここで大乗仏教思想に着目するのか、に関する大枠の回答であり、少なからずわが国に根づいている仏教思想を再度掘り起こすことによって本研究では何がしかの意義を明らかにしたいと考えている。

つづいて、問い②なぜ大乗仏教思想の中でもとりわけ如来蔵思想に着目するのかについては、如来蔵思想に関する先行研究を整理することで答えに代えることにする。

第二節　如来蔵思想に関する先行研究

（一）大乗仏教における如来蔵思想の位置

如来蔵思想における「如来蔵」は、「仏性」ということばとして現代の日本人になじみ深い。しかし「一切衆生、悉有仏性」という文言は『涅槃経』の中でつかわれているのみであり、如来蔵思想に関する多くの経典ではそれを「如来蔵」と表現している。

春秋社から出版されている『講座大乗仏教』のシリーズの六巻めには、如来蔵思想に関して八章にわたる論考があつめられており、如来蔵思想の形成史、如来蔵思想を組織的に叙述している『宝性論』（*Ratnagotravibhāga=mahāyānottaratantraśāstra*）の概観、「一切衆生、悉有仏性」という文句に背反する「一闡提」と表現される成仏不可能な存在に関する考察、さらに如来蔵思想と関わりの深い「信」についての考察、また唯識思想との関わりについての検討など、諸々の考察からなる。(5)そこで一般的通念のひとつとなっていることは、「如来蔵思想というのはわが国の仏教諸宗派のほとんどが受けいれている教理で、大乗にとっての根元的なものといってもよい」という断言からもわかるように、(6) 如来蔵思想が宗派宗教的な思想ではないということである。如来蔵思想は先に挙げた『涅槃経』だけでなく、有名な経典を挙げれば、たとえば『法華経』(*Saddharmapuṇḍarīkasūtra*)や『華厳経』(*Buddhāvataṃsaka*)の思想とも結びつくものであり、如来蔵思想に関わる経典はそれ以外にも多くある。如来蔵思想の独自性として、それが「インドでは学派としての独立性を有していたわけではない」こと、したがって如来蔵思想形成史については「文献を通じて知られる思想展開」をもってしか方法がないことがある。(7)

　如来蔵思想形成史については、高崎直道(一九二六—)の学位請求論文『如来蔵思想の形成——インド大乗仏教思想研究』(春秋社、一九七四年)の中で詳細に論じられている。その中で、如来蔵思想に関する経典として、『如来蔵経』、『不増不減経』(*Anūnatvâpūrṇatvanirdeśa*)、『勝鬘経』(*Śrīmālādevīsiṃhanādasūtra*)の三経典が「如来蔵説の〈三部経〉」という名を与えられており、それらの三部経は「〈如来蔵〉の解明を目的とし、それの解明に経のほとんど全体が捧げられているという点で、他の諸経と異なる特色をもっている」という。(8) その他、高崎の論文の目次をみてもわかるように、如来蔵思想に関する経典には『涅槃経』をはじめとして、『央掘魔羅経』(*Aṅgulimālīyasūtra*)、『大法鼓経』(*Mahābherīhārakasūtra*)、『大雲経』(*Mahāmeghasūtra*)、『金光明経』(*Suvarṇaprabhāsôttamasūtra*)などがあり、如来蔵思想の二源泉である経典として『般若経』(*Prajñāpāramitāsūtra*)と『法華経』がある。

　次に高崎の整理にしたがって、如来蔵思想に関する仏教学の歴史について概観しておこう。インド仏教の歴史において、大乗仏教の学派としては、中観派（Mādhyamika）と瑜伽行派（Yogācāra）の二派が認められるというのが一般的見解であったが、[9] 他方で「如来蔵説の〈三部経〉」をもととして如来蔵思想をまとまったかたちで論じている『宝性論』がある。『宝性論』の所説を中観派とも瑜伽行派とも異なるものと捉えたはじめの人物は E. Frauwallner（一八九八―一九七四）であり、それ以後、如来蔵説はヨーロッパの学界においてインド仏教史上に独立性を認められたという。[10] わが国では、世親（Vasubandhu）の作とされる『仏性論』（*Buddhagotraśāstra*）が仏教学界において注目されていたが、E. Obermiller による『宝性論』のチベット訳からの英訳とチベットにおける『宝性論』の伝承の紹介などといった一連の研究の発展によって、[11] 多くの学者は『宝性論』に着目しはじめ、たとえば宇井伯寿（一八八二―一九六三）は『印度哲学史』（一九三二年）にはじまり『宝性論研究』（一九五九年）によって『宝性論』の研究を大きく発展させた。『宝性論』は如来蔵思想の教理を説明する論書として中心的な位置を占めるものであるが、その背景となる思想がいくつかの経典に準備されていたと高崎は指摘する。[12] 高崎によれば、如来蔵説を唯識説とをことなる教理の体系として中国の仏教に定着させた功績は真諦にあるという。[13]

そして如来蔵思想を高崎は一言で定義する。それは「一切衆生に〈如来蔵〉すなわち如来たるべき因があるという説」というものである。[14]

（二）如来蔵思想と空説の関係

如来蔵思想はパーリ文の経典、大乗経典類、密教経典類など、数々の仏教経典のうち、大乗経典類に含まれる。これらのうち、どれが釈迦の真説に近いとか、大乗と小乗といったことばで分類される教説のうち一概に小乗が古い、あるいは大乗が新しいとは明確にいうことができない。[15] 大乗的な要素はすでに部派仏教の思想の中にあったからである。ただ大乗という型で経典が整理されたのは、紀元前一世紀ごろのアンドラ王朝の時代である。[16] わが国に伝来した後も、如来蔵思想はわが国の仏教諸宗派、たとえば天台宗、曹洞宗、浄土宗のほとんどに受け入れられる教理となった。したがって、ある一派に偏るということがなく諸宗派の対立を引きおこさない思想である。[17]

ところで仏教は基本的に「空説（śūnyavāda）」、「縁起（pratītyasamutpāda）」を説くものとして知られる。縁起を説く箇所としてまとまっている箇所を経典から以下に引用してみたい。

一切の法を観ずるに空なり。如実相なり。顚倒せず、動せず、退せず、転ぜず。虚空の如くにして所有の性なし。一切の語言の道断え、生ぜず、起せず。名なく、相なく、実に所有なし。無量・無辺・無礙・無障なり。但だ因縁を以てあり、顚倒に従って生ず。故に説く、常に楽って是の如き法相を観ぜよと。是れを菩薩摩訶薩の親近処と名づく。[18]

このように仏教は基本的に、世の中のあらゆる出来事を奥底まで観察するときにそれを「空性（śūnyatā）」であるとみる。空とはある側面からいえば「平等（samatā）」であり、また別の側面からいえば仏性である。自己をめぐる世の中のあらゆる出来事は、自己が種を播いた結果であり、また自己は過去の自己が播いた種を育てあげた結果である。それぞれに差別があるように思えるが、それは一時的なものである。永遠に変わらないものは、よいことをすればよい結果が生まれ、悪いことをすれば自己が苦しむということのみである。このことを「真実（tathatā）」とみて、虚空のように障害物がなく、所有するということも真実にはないことを経典のこの箇所は指摘している。しかし実際生活の場面では、顚倒した見方を人間はもつため、物事への執着によって真実には無いものが有とみられ、真実には無いものに対して執着をおこし、その執着によって自身が苦の中に埋もれている。真実は、ただ「因縁（hetpratyata）」があるのみであり、ひとつとして、みずからのみで生きているものはない。この真実を知りそれに沿って生きる人こそ、「菩薩（bodhisattva, 菩提を求めて修行をする人）」、あるいは「摩訶薩（mahāsattva, 偉大な人）」とよばれる人である。このように、空を基本とする仏教思想の中から、一見空に背反するような実体的なものを想定する如来蔵思想があらわれたのはなぜなのか。そして如来蔵思想は仏教においていかなる位置づけにあるのか。

如来蔵思想は一言で「一切衆生に〈如来蔵〉すなわち如来たるべき因があるという説」と定義されていた。[19]「如来（tathāgata）」たるべき因とは、真理に到達した人の因を意味する。その因を生きとし生けるものがすべて有するということを説く如来蔵思想は、現実的な生きものにおけるみにくい側面を無視することなく、生きものがもつ尊厳性ともいうべきものの存在を説明する思想である。現段階のみにくさを「客塵煩悩」、すなわち一時の塵のように払いのけることができる「貪り、瞋り、慢心」などとして捉えて、それらを永久不滅のものとは捉えない。「客塵煩悩」を取り除くことによって清浄な如来の性質があらわれでると捉えるのが如来蔵思想の人間観である。高崎によれば、如来蔵を現代的にいうと、それは「人間の尊厳性」である。[20] 如来蔵思想はこのように、如来蔵、仏性、あるいは人間の尊厳性としてさまざまにい い換えられるものをひとつの実体として捉える思想のようにみえる。

この思想は如来蔵を実体視する点から、一見すると仏教の基本的立場である「空」と背反するように思われる場合がある。また如来蔵思想が仏教思想において目立つ思想ではない点からも仏教における傍系の思想とみられることもある。たとえば批判仏教を立てた仏教研究者の松本史朗（一九五〇—　）と袴谷憲昭（一九四三—　）は、真の仏教は空、すなわち縁起の思想であるとし、如来蔵思想を仏教の正統とはみなさずに否定した。[21] しかしながら、如来蔵思想は空の思想と背反することはなく、仏教において意味を持つ思想であるとの考えが仏教研究の世界では主流であり、瑜伽行派の思想は中観派の思想を継承、発展させたものであるとの見方が強い。

仏教は人間の苦を取りのぞきたいという実践的な目的から生まれた思想である。したがって、何ものもひとつだけで存在するものはなく、すべては相依相関であると説く「空」の思想も、みずから苦から脱し他をも脱しうるように説かれた考え方である。如来蔵思想は瑜伽行派によって、空の思想よりも後世に経典に説かれるようになった思想であるが、苦から脱したいという実践的な関心から生まれた点で空の思想と共通する。空の思想と如来蔵思想が背反するという見解は一面的な見方なのかもしれない。あらゆるものが空の思想の中に生きているということ、さらにあらゆるものが空を覚《さと》る可能性をもつということ、これが如来蔵思想の強調する点であり、いってみれば如来蔵思想は空を覚るための「方便（upāya）」に位置づけられるということができよう。そしてこの方便とも捉えられるような如来蔵思想は、仏教に一貫する重要な意味をもつ思想であり、さらに人々に対する教育的道徳的意義をもつ思想として捉えることができるのである。

空の思想と如来蔵思想との関連についての詳細は、本研究の論考をすすめる中で、徐々にさまざまな側面から明らかにしていきたい。

第三節　インド学仏教学研究からみた大乗仏教の変遷

如来蔵思想の位置づけを明らかにするために、インド学仏教学研究からみた大乗仏教の変遷を概観しておこう。歴史的な存在としての釈迦の生涯は、史実からフィクションまでさまざまな次元で知られるが、中でも史実にもとづく研究として、インド哲学者であり仏教学者の中村元（一九一二―一九九九）の『釈尊伝　ゴータマ・ブッダ』を主に参考にして、[22]釈迦の生涯を概観してみたい。釈迦は本研究で考察する仏教的な人間形成を遂げた第一のモデルであるからだ。

釈迦は、紀元前四六三年に北インドにおいて、釈迦族のカピラ・ヴァストゥ（Kapila-vastu）の王子として誕生する。「四門出遊」を経て、[23]二十九歳で出家をした彼は、まだ若いにもかかわらず、老、病、死に代表される苦を自己の問題として自覚した。精神陶冶の修行を物足りなく感じた彼は、ウルヴィルヴァー（Uruvelā）という森で六年間の苦行に入るが、肉体のみを痛めつけることの無意味さを知る。仏教学研究者の山口益（一八九五—一九七六）が指摘するように、[24]精神を肉体の外に抽出する修行からも、肉体を積極的に精神から駆逐する修行からも、真の「覚《さとり》」を得られないことを知るのである。

後にブッダガヤーとよばれるところにある菩提樹（Bodhi-tree）の下で瞑想に入った釈迦は「正覚（saṃbodhi）」をえて、ついに「仏陀（Buddha）」となる。再三の「梵天（Brahman, ブラフマン）」による説法の懇願、すなわち「梵天勧請」によって、[25]難解すぎて説いても無駄であると一時は考えた覚について、釈迦は人々に説くことを決意した。彼ははじめサールナート（Sārnāth）において覚を説き、そのとき「中道」、「四諦」、「八正道」の原型を説いたという。その後生涯を閉じるまで法を説きつづけた釈迦は、八十歳のときクシナガラ（kuśinagara）で入滅した。これについては、「涅槃（nirvāṇa）」に入ったという表現がなされる。「涅槃」とは「吹き消された状態」を意味し、苦を吹き消す状態を意味する。釈迦が最後に残した「法灯明、自灯明」ということばは、真理と自己を灯として生きること、すなわち一人ひとりによる自身の覚を促すことばとして後世にも伝えられてきている。

釈迦が説きつづけた内容は、「対機説法」とよばれるように、それぞれの相手に応じたものであったため、釈迦の入滅後、釈迦による実際の説法の内容について弟子たちは「結集」として体系づけることを試みた。弟子たちが体系化した説法の記録は、今日にも残る膨大な経典の基礎である。結集は大きくは二回おこなわれており、第二回目は、アショーカ王の時代に再び仏教が勢いを増した時期に重なる。この時期は大衆部と上座部との根本分裂がなされた時期でもある。[26]これをきっかけに大乗仏教と上座部（小乗）仏教へと分裂していくこととなる。

上座部仏教の哲学体系は、瞑想の中であらゆる存在を永遠の相として捉える形而上学であった。上座部仏教は聖者を四つの段階に分ける。第一に、はじめて教えの流れに預かった「預流」、第二に、一度天上に生まれるが、再度この世に生まれて修行をつづけて涅槃に入る「一来」、第三に、残余の惑いをこの世で断ちおわり、欲望ある衆生の世界（欲界）に生まれ変わることのない「不還」、第四に、すべての惑いを断ちつくして涅槃に入り、生死しない「阿羅漢」である。[27] 他方、大乗仏教においては、たとえ涅槃が可能であっても、あえて涅槃に入らず生死を選びとることが菩薩の理想とされた。それは「向下（gamanam adhastād bhavati）門」とよばれたり、「慈悲」とよばれる。上座部仏教が、自己と「如来」との二者関係を想定するのに対して、大乗仏教はそこに他者を含めた。それは二者関係から三者以上の関係へ、という世界観の変化であった。[28] その後、上座部仏教と大乗仏教はさらに多派へと分裂していき、それは「枝末分裂」とよばれる。

大乗仏教がおこったインドでは、イスラム教の勢力の強大化によって、仏教は次第に衰退していく。その後仏教は、ミャンマーやタイなど東南アジアへ伝来した南伝と、中国や朝鮮半島を経てわが国に伝わった北伝とに分かれ、前者は上座部仏教に、後者は大乗仏教に対応する。そして今日では、結集をもととして伝来した仏教に関する書物は、釈迦が説いたとされる「経」と、修行者が守るべき戒律である「律」と、学僧が「経」を理論的に精密化し解釈した「論」という、「経・律・論」の「三蔵」に大まかに分類される。

インドにおいて、すでに、中観思想、唯識思想、如来蔵思想という大乗仏教の根本思想はできあがり、これらの思想が相互に関わりを深める中で、新たに思潮が分岐していった。インドにおいては実践的な修行と理論とが密接な関連をもっていた大乗仏教であったが、中国に移入されるとそれらは別々に展開していった。中国には理論の精緻化を重視するという文化的な土壌があり、理論はますます精緻に発展していく。他方、実践的な修行については、理論やことばでは説明し尽くせないとされる「禅（dhyāna）仏教」として展開した。

中国にははじめに「般若」が、つづいて「中観」が伝わり、「一切法」は「二諦」であり「中道」であると説く三論宗ができあがるが、その後、もっとも仏教思想が複雑に展開する時代となる。それは、インドから唯識思想と如来蔵思想が入り混じって移入された西暦四〇〇年代前半であった。中国では、地論宗、摂論宗、法相宗が成立した。

大乗仏教はこのように、インドでは中観派と瑜伽行派として、中国では三宗、すなわち地論宗、摂論宗、法相宗として括られている。インドの瑜伽行派による修行の段階説は中国では地論宗として展開した。インドの瑜伽行派の如来蔵思想や唯識思想は、中国では摂論宗と法相宗とに分かれて定着した。

古くわが国に伝わり現在でも存続する仏教思想は、龍樹による空説である。これはインドでは中観思想、中国では三論宗とよばれたものである。わが国には、白鳳から天平にかけて、遣唐使を通じて伝わった。それ以前に伝来した三論宗については、今日では宗派としては存在しないため、空説を背後に据えた唯識思想の派がわが国に現存する最古の宗派であるという。

日本仏教を形づくった人物に、聖徳太子（五七四―六二二）、最澄（七六七―八二二）、空海（七七四―

八三五)、親鸞(一一七三―一二六二)、道元(一二〇〇―一二五三)、日蓮(一二二二―一二八二)、蓮如(一四一五―一四九九)らがいる。仏教は日本人の気性に合うように、生活に馴染むように変化していき、今日でも民衆の中に浸透した考え方は行事や慣用句として残っている。たとえば、盆や葬儀、あるいは法事といった行事、「袖振り合うも他生の縁」、「見ぬは極楽、知らぬは仏」、あるいは「酔生夢死」といった慣用句はすべて仏教思想をもととしている。

わが国の文化において仏教がもっともその勢力をもっていた時代は鎌倉期であった。その時期、一乗思想を色濃くもつ最澄の天台教学が分派して、鎌倉新仏教の三派である親鸞、道元、日蓮の三者の思想が展開したため、わが国では、中国以上に一乗思想を重視する仏教が展開された。その時期、「寺院は大学、博物館、図書館、音楽堂の性格をもち、重要な文化施設の役割を果たしていた」と指摘されるように、[29]仏教は文化として民衆に受け入れられていた。それは人間形成に深く影響を与えるような生きた仏教であった。

第四節　本研究の課題と構成
――人間形成における「如来蔵思想」の教育的道徳的意義

以上、①なぜ今ここで大乗仏教思想に着目し、②その中でもとりわけ如来蔵思想に着目し、③そこに教育的道徳的意義があるという仮説を立てそれを論証しようとするのかについて大乗仏教の歴史的変遷もふまえながら述べてきたのであるが、本研究の意図するところは、人間形成における如来蔵思想の教育的道徳的意義を明らかにすることである。

本研究では如来蔵思想に関する経典の内容を、歴史的観点からではなく、また文献学的観点からではなく、教育的道徳的観点から考察したい。経典をよむにあたっては、必ずしも梵語経典や漢文の書き下しのない経典を使用するだけでなく、現代語訳にも多く頼っている。

第一部では、わが国における禅研究や唯識説、『如来蔵経』において「覚」の可能性がどのように捉えられているかについて検討する。第二部では『華厳経』に描かれる善財童子の生き方や、慈悲に焦点を当て、さらに「十牛図」における「覚」と自己形成について論じる。第三部では、唯識説における三性三無性説、平等と差別の捉え方、『瑜伽師地論』における「自利・利他」、『勝鬘経』や『法華経』の検討から、「覚」の諸相を明らかにしていく。第一部から第三部までの展開は、苦しむ人間の中に「覚」の可能性をみる考え方、「苦」から「覚」への自己形成、「覚」の諸相というように、段階的に構成した。それぞれの部の中では、如来蔵思想に関する経典や如来蔵思想と相互に影響を与え合う唯識説の理論、さらに如来蔵思想よりも時代は後になるが、如来蔵思想の影響ももちろんうけている禅仏教の思想を論じている。高崎による如来蔵思想の定義である「一切衆生に〈如来蔵〉すなわち如来たるべき因があるという説」の教育的道徳的意義をテーマにしながらも、それに付随する思想をも論じているのは、人間形成の思想としての拡がりをもたせるためにそれらの考察が必要であるからである。すなわち、「一切衆生に〈如来蔵〉すなわち如来たるべき因がある」という箇所のみに焦点を当てるだけでなく、因があると想定されるなら、その因を開花させるという点について検討すること、すなわち人間形成の思想として理論づけていく必要があると考えたのである。したがって、本研究では如来蔵思想をテーマとしながらも、それに関係が深い思想についての検討が含まれているが、その基底に横たわっているのは如来蔵思想なのである。また終章では本研究のまとめとして如来蔵思想と教育の関係性について論じ、「仏教的教育人間学」の構築について、「教育人間学」、「教育的人間学」、「仏教的教育学」、および「仏教的人間学」との関係性を論じることにより、その位置づけと可能性を示唆し、本研究を閉じることとしたい。

註

（1）高崎直道訳『大乗仏典一二　如来蔵系経典』中央公論新社、二〇〇四年、一九頁。
（2）「改正前後の教育基本法の比較」（文部科学省ホームページ）
（3）たとえば佐々木閑『犀の角たち』（大蔵出版、二〇〇六年）や、佐々木閑『日々是修行—現代人のための仏教一〇〇話』筑摩書房、二〇〇九年。
（4）田上太秀「仏教教育とは何か」（『日本仏教教育学研究』第一六号、日本仏教教育学会、二〇〇八年）六頁。
（5）高崎直道ほか『如来蔵思想〈講座大乗仏教六〉』春秋社、一九八二年。
（6）同書、高崎直道「はしがき」i頁。
（7）同上。ところで「如来蔵思想」の「思想」ということばは今日のわが国におけるこの語の一般的使用に従っただけで「如来蔵説」というのと異ならないという（同書、一一頁）。
（8）高崎直道『如来蔵思想の形成——インド大乗仏教思想研究』春秋社、一九七四年、三九頁。

(9) 同書、三頁。
(10) 同書、六頁。ここで高崎はE. Frauwallner, *Die Philosophie des Buddhismus*, Berlin, 1956を紹介している。
(11) ここで高崎はE. Obermiller, *The Sublime Science of the Great Vehicle to Salvation being a Manual of Buddhist Mamism, Acta Orientalia IX*, 1931を紹介している。
(12) 註(8)に同じ、九頁。「宝性」も、如来蔵や仏性と同様の意味をもつという(同書、一〇―一一頁)。
(13) 同書、七頁。
(14) 同書、一二頁。
(15) 井上球二、渡辺照敬『イラスト・仏教入門』三学出版、一九七九年、一七頁。
(16) 同書、一七〇頁。
(17) 註(5)に同じ、i頁。
(18) 小林一郎『法華経大講座　六』日新出版、一九六四年、四二二頁。
(19) 註(8)に同じ、一二頁。
(20) 高崎直道『仏性とは何か』法蔵館、一九九七年、二四八―二四九頁。
(21) 松本史朗『縁起と空――如来蔵思想批判』大蔵出版、一九八九年。袴谷憲昭『本覚思想批判』大蔵出版、一九九〇年。
(22) 中村元『釈尊伝　ゴータマ・ブッダ』法蔵館、一九五八年。
(23) 城の東門をでたところに老人を、南門をでたところに病人を、西門をでたところに死人を、北門をでたところに仏僧をみたことにより、釈迦が出家の意志を固めたという逸話であり、後世に定型化された。
(24) 山口益『仏教思想入門』理想社、一九六八年、八九頁。

(25)「梵天」は、仏教が生まれる以前のインド正統派の宗教哲学思想であった『ウパニシャッド』(Upaniṣad)などのバラモン教学において宇宙の根本原理を意味し、世界創造を担当する神を指す。梵天と、「個我(ātman, アートマン)」は、当時において権威ある概念であった。

(26) インドの研究者は根本分裂をアショーカ王以前のこととみるが、わが国ではアショーカ王の死の直後とみる(梶山雄一『「さとり」と「回向」 大乗仏教の成立』講談社現代新書、一九八三年、七三―七四頁)。

(27)「阿羅漢」へといたる四つの階位は、「四果」とよばれる。「預流、一来、不還、阿羅漢」に対応する梵語は順に、「stotāpanna-phala, sakṛdāgāmin-phala, anāgāmin-phala, arhat」である。

(28) 丘山新『菩薩の願い――大乗仏教のめざすもの』(NHK出版、二〇〇五年)を参照。丘山によれば、縦軸の視点から横軸へとまなざしが動いたということであり、「他者の自覚」への移行であるという。

(29) 唐澤富太郎『唐澤富太郎著作集 中世初期 仏教教育思想の研究――特に一乗思想とその伝統において』ぎょうせい、一九九二年、七―八頁。

第一部　「覚」の可能性

第一章　わが国の人間形成観
――鈴木大拙、西谷啓治、久松真一による「覚」の人間像の再検討

第一節　諸苦を環境に帰属させるか自己に帰属させるか

近代以降、人間の疎外というパラドクシカルな問題や、そこから派生してきたニヒリズム（nihilism）の問題が出現してきている。それらは人間の利益を目的としてつくられた効率的な形式や組織によってかえって自由を失うという問題である。これらの諸問題についてはさまざまな方面からの解決策が図られてはいるものの、その解決法の多くは環境にその起因をもとめる仕方である。他方でわが国の人間形成観の中に、自己自身の内にその問題やそれらを解消する因をみいだすという考え方が存在する。たとえば、鈴木大拙（一八七〇―一九六六）、西谷啓治（一九〇〇―一九九〇）、久松真一（一八八九―一九八〇）は、自己自身の内に問題の本質的原因をみてとり、自己を解明する作業をつうじて、諸問題を刹那に解消する考え方を提示する。

諸問題の原因を環境にもとめて環境を改善していく方策にはおわりがない。他方で、自己の変革によって刹那に諸問題を解消するという見方は、現実に存在する「苦（duḥkha）」を肯定しながらそれをそのまま「覚（bodhi）」に転じるという点で、理想主義におわることなく、より現実的である。本研究で「苦」

は鍵概念となる。仏教における苦は、「四苦八苦」として説明されることが一般的である。「生（duḥkha-satya）、老（samudaya-satya）、病（mārga-satya）、死（nirodha-satya）」の「四苦」に加え、愛するものと別れる苦としての「愛別離苦（priya-viprayoga）」、憎いものと会わねばならない苦としての「怨憎会苦（apriya-samprayoga）」、欲しいものを得られない苦としての「求不得苦（yad api icchan paryeṣamāṇo na labhate）」、心身が活発にはたらくことから生まれる苦全般としての「五蘊（Pañca-skandha）盛苦」である。五蘊とは、「色蘊、受蘊、想蘊、行蘊、識蘊」であり、現象界の存在の五種の原理である。そして本研究では「覚」も鍵概念となる。bodhi は「仏陀（歴史上の釈迦だけに限ることなく、覚った人全般）の証得した覚知」を指したり(1)、「仏陀自身」の訳としてももちいられる(2)。

環境に原因を帰属させ、科学的にそれらを乗り超えようと試みることに対する疑惑的見解として、たとえば鈴木によって次のことが指摘される。まずは自然と人間とのパラドクシカルな関係についてである(3)。自然は目的をもたないものと捉えられ、人間によって征服されうるようにみられる。しかしながら、人間がもつ合理性は、結局いかなる方向に自分たちがすすみつつあるのかということを知らない範囲における小さな合理性である。したがって、人間によって可能であるようにみられるのは、部分的、あるいは一時的な自然の支配のみである。結局人間は、自然の力の下に屈服しなければならないため、人間が自然と一枚になりきることによってしか、諸問題を解決することができないのである。

つづいて、人間に役立つために生まれた近代以降の機械化産業が、逆説的にもそれ自体、人間を苦しめることとなった点についての鈴木の見解である(4)。近代以降における利便性の追求の中で、人間は存在を肯定する一面で、放埓な生活をするという一面をさらにもつようになった。この状況は、人間が存在に捉えられてしまっており、存在の奴隷となっていることを示す。過度の効率化による多忙、ゆとりのなさ、自由のなさ、それらを契機とする精神疾患について具体的に鈴木は挙げている。鈴木、西谷、久松は生活を近代化以前に戻すことによってこれらの問題を解決しようとは論じない。なぜなら、諸苦の因を環境に帰属させる考え方を彼らはもたないからである。もし逆に、諸苦の因を環境に帰属させる考え方をとるならば、近代化された環境を変化させることにより、人間の幸福が保証されるという見方をすることもできる。しかしながら、鈴木たちにとって、そのような見方はたとえ問題の一時的解決になったとしても、根本的解決にはならない。

ところで、近年では人間の苦に対する対処法として精神分析がある。しかしこれは表面化した苦をひとつずつ解消していく方策であるため、もちろん有効な方策のひとつであるが、苦の源泉を根絶することはできないという。これはエーリッヒ・フロム（Erich Fromm, 一九〇〇―一九八〇）によって指摘されたことである。彼はドイツで生まれアメリカにおいて心理学や哲学を研究し、「禅（dhyāna）仏教」に大きな興味をもっていた。「精神分析は心の病いに対する治療法であるが、禅は霊的救済への一つの道」と彼は指摘し、(5)「霊的救済」に根本的解決をみいだした。具体的にそれは彼にとって「人間の本性との一致」として説明される。(6)救済されるということは本性に還るということである。彼は「何人も自分の中に目覚め、悟りを得る能力をもつ」と指摘するように、(7)人間すべてに「覚」の可能性があることを信じている。このように西洋でも禅仏教における自己形成は注目されるものであることがわかる。そこで次に、鈴木大拙、西谷啓治、久松真一の捉える苦の人間像の特徴と覚の人間像の特徴、さらには苦の人間から覚の人間への転換について検討してみたい。

第二節　鈴木、西谷、久松による苦の人間像

(一) 鈴木による苦の人間像

人間の苦とは「業 (karma)」につながれていることであり、より厳密にいえばつながれるというよりも、実は人間が業そのものであると鈴木は説明する。(8) 苦とはすなわち人間が背負っているものであるが、そのような苦を自分のために背負ってくれるものに思いいたることによって、苦が解消するという。(9) 人間の最大の危機は、みずから創りだしたものの奴隷となることであるといい、彼はこのような人間像を、「自己の主人公」ではありえない「卑しい境遇の奴隷」であると指摘する。(10)

このような自己においては、自己は常に自己に対する他を意識するという点で、他に制約されている。それは自他の間にお互いが牽制し合うという緊張感を濃くする。このような状況は、自由を失わせ、深刻な重苦しい雰囲気をわれわれに蔽いかぶせる。この圧迫感が心理的混乱の要因となり、さまざまなかたちをとってあらわれてくるという。(11)

（二）西谷による苦の人間像

西谷はとりわけニヒリズムに焦点を当てて、苦の人間像を考察する。[12] 彼は実存の喪失の問題に真正面から向き合う。そして人間を「一瞬にして虚無に帰するような深淵に臨んでいる」と捉える。[13] このような人間像をもつ彼にとって、ニヒリズムからの脱却の方法を探ることは大きな意味をもち、それを目的として彼自身の哲学を大成したといっても過言ではない。彼が捉える苦の人間像は、無神論的実存主義を提唱するフランスのジャン＝ポール・サルトル（Jean - Paul Sartre, 一九〇五―一九八〇）とは似ているようで異なる。サルトルは「自己以外には依らない」ことを自由でありまたヒューマニズムであると捉えるが、西谷はこの自由を究極なものとはしない。[14] 西谷による究極の自由は、「すべての執着が否定され、執着する自己も、執着せられる『もの』のあらわれ方も空ぜられる」ところにある。[15] サルトルの立場が究極的でない理由は、それが自己に対する何ものかからの束縛からは逃れているものの、自己からの束縛、いい換えれば自己に対する執着からは逃れることができていないところにある。

西谷によれば、自己に対する執着からも逃れることができたときにはじめて、自己は究極的自由の境地に立つのである。[16] 自己に執着する自己は、自分の有限なことを忘れてどこまでも自分を主張するというすがたや、どこまでも自分の存在を主張するという人権の立場、あるいは自分がどこまでも自分自身であろうとする自由の立場として具現化する。このような特徴をもつ自己は、近代以降の自己の一側面であり、それが問題視されることは一般的に多くはない。問題視されるどころか、むしろ近代以降、どこまでも自分を生かしていくことをよしと考える自己が増えてきたという印象がある。しかしながら、このような特徴をもつ自己こそ、西谷が指摘するところのニヒリズムに陥る危機を宿した自己であり、彼はその自己に対して批判的な見解をもつのである。(17)

また西谷は、近代以降、一般的には理にかなうとされる人権を重んじる立場や、たとえ表面的にであっても平等を重視する立場について、これらは真の平等ではないと論じる。(18) なぜなら、近代以降に目立つ人権尊重や平等重視の立場は、人権欲求や権利の主体としての人間に関わるものであり、人間自身の自己中心的なあり方にもとづくものであるからだという。このような人権尊重や平等志向を推しすすめていったところで、それらが自己と他者との真の平等につながるということはない。要するに、根本において自愛の原理を脱していなければ、不和と闘争の根はひそんだままであり、人権や平等という名の背後には問題の根が未だに払い去られていないということである。「エゴイズムや人間性の善悪の問題、根元悪や罪の問題、孤独性および社会のうちへの自己喪失という問題、認識の可能性の問題」など自己が対峙する問題をさまざまに挙げながら、(19) これらを一挙に解消する可能性を西谷は提示する。

(三)　久松による苦の人間像

統合失調症などの精神疾患の背後にあるものを、「主体性の喪失」であると久松は指摘する。(20) 彼の論じるところの主体性とは、かならずしも「活動の中心となること、自主性」といった、(21) 辞書的な意味にとどまらない。それは、フロムによって「人間の本性」という語で示されるものに近いものである。主体性を失っている状態は、究極的矛盾、ディレンマ、あるいは苦悶としてみられるというのが久松の見解である。

一般的に、病因が明らかでない精神疾患については、長期のストレスという環境であったり、きまじめな性格という個人の性格にそれらの原因を探ることがなされるが、久松によれば、精神疾患が生まれる原因は、人間が善悪を高次元から統一せずに、善から統一しようとするところにあるという。彼が問題視しているのは二元論的立場であり、善／悪が二元論においては永久に統一される可能性がないにもかかわらず、一般的には二元論が主流であることを嘆いている。二元論的な立場で考える限り、永久に善と悪は分裂し、完全な統一はありえないというのである。このような善悪の分裂に人間の苦があり、人間が絶えず悪からの脅威を受け、そこから脱することができないというところに苦は表面化する。二元論的世界観とは「多がお互いに相限定し、互いに相矛盾する世界」である。(22) 久松にとって自然主義や理想主義は両者とも二元論的世界観に相当する。

以上、鈴木、西谷、久松によるそれぞれが捉える苦の人間像について、その特徴を検討してきた。鈴木による苦の人間像は卑しい境遇の奴隷という語によって端的に示されており、西谷による苦の人間像はニヒリズムを中心に据えた検討の中に提示されており、久松による苦の人間像は二元論的立場に関する考察にあらわされていた。三者ともに、「苦」の人間像とともに「覚」の人間像を提示しており、覚に転じる可能性を誰もがもつと考えているところに共通性がある。では次に、三者それぞれが捉える覚の人間像について、その特徴を考察してみたい。

第三節　鈴木、西谷、久松による覚の人間像

（一）鈴木による覚の人間像

鈴木による覚の人間像は、「不識（unknown）」を自覚した自己として捉えられる。われわれの一般的な意識の奥にある不識を一度自覚して、その「不識」が一般的な意識面にかえってくるとき、再び意識の中にかえってきた不識は、人間を悩ますコンプレックスを整然たる秩序に整えるという。[23] 不識について、鈴木は「宇宙的無意識（cosmic unconscious）」、あるいは「無根、無辺の可能性を内に含む〝零蔵（zero-reservoir）〟」ともよぶ。[24] この状況となる自己において、心理的不安をも生みだすところの根源的な実存的不安は解消されるという。根源的な実存的不安は、当面している状態全部を知りつくしてはいないという感情や、この知識の欠如によって生まれると捉えている。[25]

さらに鈴木は、自己は本来、「生きることの芸術家」であると論じる。

実際のところ我々は皆、〝生きることの芸術家〟として生まれてきているわけである。ただ悲しいかな、我々のほとんどは、生きていることそのことが芸術であることを知らないので、生きていながら芸術家たりえず、ついに〝人生、生きることの意味とはなんだろう〟〝目の前にあるものは無意味なタダの空虚なのではないか〟または〝七十八年もまた或いは九十年もこの世に生き延びて来たあげ

くの果てに、いったい我々はどこへ行ってしまうのだろうか？　誰も知る者はないのだ〟などとさまざまな疑問を続けながら、とうとうあたら一生を台なしにしてしまうのが実情なのだ。(26)

鈴木は、あらゆる人間は本来、生きることの芸術家として生来、その素材、道具、あるいは技法をもつことを指摘し、しかしながら、それを発揮するか否かはことなるという。生きることの芸術家としての自己をまた、「随所が中心となる円周のない円相」としてイメージする。

自己をたとえればそれはちょうど一個の円相である。その円には円周がない。それがつまり空、シュニャータである。また自己はその円相の中心とも言い得る。けれどもこの中心は中央のただ一点であるのみならず、円内いたるところ、どの点を取り上げてもそれがすなわち中心ならざるはない、随所に中心となるのである。この自己は絶対主体の一点であって、そこに不動というか寂静といった感じを含んでいる。この中心の一点は我々の行くところ、随所にこれを移し得るもので無限に変じ得るところの場であって、［……］点であって点にあらず、点であって円、円であって点といったあんばい。(27)

苦の自己が刹那に生きることの芸術家となることについては、ロウソクの比喩によって説明される。この比喩はフロムとの対談の最中に鈴木が語ったものである。

もし真暗な部屋の中に一本のロウソクが点ぜられるとき、闇は消え光明となる。しかし十本、百本また千本のロウソクが加えられると部屋はさらに明るくなってゆく。だが決定的な変化は闇の中を照らした最初の一本のロウソクによってもたらされたのである。[28]

フロムはこの比喩について、「たとえサトリには達し得られなくても、サトリに向う経路の階梯である経験には価値がおかれている」という内容を鈴木が説明したものであると捉えている。[29] このような解釈の方法もあるだろうが、この比喩における最初の一本のロウソクの意義をさらに強調する解釈も可能ではないだろうか。すなわち、仏教的術語でいうところの「初発心」の重要性についてこの比喩は暗示していると解釈することもできるだろう。灯のついたロウソクが増えるにつれ部屋はますます明るくなっていくことにまちがいはないが、暗闇を転じる一本目のロウソクの意義はやはり大きい。次々とロウソクを増やしていくことを仏教における「漸修」に相当するものとしてみることが可能であるならば、一本目のロウソクによる明への瞬間性には「煩悩即涅槃」における即の時間的側面があらわされているのではないだろうか。[30]

鈴木によれば、「業」はそのままで無「業」であり、「業」がその実、「業」でも何でもないのだということになればよく、そこにあらわれるのが「霊性的直観」であるという。[31] 彼は「業」という語を道徳的意味をもつものとして捉えており、それを認識論的にみるとき「無明（avidyā）」とよばれると指摘する。[32] 彼のこの説明には「業」苦の繋縛が「覚」として解消することの可能性が示され、無明が苦の連鎖の出発点にあるという点で「十二支縁起（dvādaśa-aṅga）」を思いおこさせる。[33]「十二支縁起」は仏教思想の初期の段階に既に存在していたものであり、仏教思想の基本的な考え方のひとつである。苦の連鎖と苦からの解放が、無明であるか無明を脱するかにかかっている点、すなわち人間の実存的な苦を認識論的な問題として捉えさせる点で特徴的な考え方である。鈴木は業を業と認識すると同時に、人間の存在の根源そのものは業によってそもそも縛られていないということを自覚することの意義を指摘するのである。

（二）西谷による覚の人間像

西谷によれば、彼が問題視する苦としてのニヒリズムから抜けだすための方策として、自己を中心にしてみるのではなく、自己の根本に仏性を考えて、「ほんとうの自己、大きな自己、大我」という立場からみることが必要であるという。すなわち、仏性という永遠の太虚のような場を自分の中に自覚することである。このように、大きなものに自己を埋没しようという精神をもつことを西谷はすすめる。[34]そのような精神のもとでは「事物のありのままのあり方にふれるということ、つまり事物が事物自身に於いてあるという事物のもとで、実在的に事物にふれるということ」が可能となる。[35]それは「自己と事物一切の根底にリアルに潜む虚無がリアルに自己に現前し、その現前に於て自己と自己の存在そのものが事物一切の存在と共に、一個の疑問に化する」ことをきっかけとしておこり、それは「自執的な自己意識の自明性よりも、一層根源的な主体的自覚」であるという。[36]

西谷によって説明される「空」の立場とは、絶対的な断絶がただちに、あらゆる存在するものと親近に出会う場である。そこでは、縁遠いものや敵であるものさえも、身近なものと平等に本質的に出会うという。「出会い」という語では不十分であり、「絶対に合一的」、「絶対に自己同一的」、「絶対の二と同時に絶対の一」の立場である。(37)

西谷は「世界全体の背景で人間を見る」ことをすすめる。(38)この視点は人間を出発点として世界をみるという方向に伸びるのではなく、逆に世界を出発点として人間をみるというベクトルをもつものである。したがって、人間を主人公とし、その背景に世界をみる、あるいは自己の内部からものをみるという一般的な見方ではない。自己を出発点として世界に一旦飛びだした後、そこから自己をみるというものである。「意識―自意識の場から、それ以前（又は以下）の場に帰る代わりに、意識の場を通して然もそれを突破したような、そしてそこから振返って意識の場も見られ得るような、一層高く新しい地平」と西谷によってあらわされている立場である。(39)一般的にわれわれが自己を省察しようとするとき、それは意識から離れてはなされないように思われる。しかしながら、西谷は意識を突破したところ、すなわち意識から離れた地平から意識を省察することを提案するのである。

意識を突破したところからの自己省察について、自己による自己の限定と超越とを繰りかえす生き方を彼は提示する。(40)自己が自己でありうるためには、固定性が必要であり、それは自己の限定によっておこなわれる。他方で、固定化した自己に対しては、それを超越する持続的努力がなされる。このような限定と超越との繰りかえしが、活動の主体であり、生である。それは「生の動的な統一（或は統一的な動）」であり、「自己の主体」による「自己の基体」の超越と、「自己の基体」による「自己の主体」の限定との交流であり、円環運動をなすという。前者は、自己が自己の根底にかえり、無限の可能性を包んだ自由に立つことであり、後者は、自己が自主的に現実の世界の内で自己を新しく限定していくことである。前者には自己否定の意志力が、後者には自己肯定の意志力があらわれるという。

覚の人間像において、自己はその存在、行為、および生にすべて、遊びの性格を帯びさせることができるという。[41] 二元論的思考においては、仕事と遊びは区別されるが、これに対して、覚においては、何かのための労苦である「働き」や、それ自身のためである息抜きの「遊び」は、それぞれそのままで人間のなす働きとしての「遊び」となるという、二元論的思考における「仕事」から区別された息抜きとしてのいわゆる「遊び」は真の遊びでないということを明らかにしている。また、一般的にいわれるところの「遊び」と区別された「仕事」の真面目さが真の真面目さではないことについても説明している。西谷がいうところの覚の人間像とは、自己が空の立場にあるために、何をしていても苦の中に存在しない自己である。したがって、次から次へと降りかかる苦を紛らわそうとする必要がない自己、いい換えれば、息抜きとしての「遊び」を際限なくつくりだす必要がない自己である。「重荷がないのではなく、ひとたび重荷がすっかり下ろされた立場から重荷を荷う」、あるいは「課せられた労苦が、課せられた労苦のままで根源的に自発化されることによって、遊びに化す」という表現や、[42]「不安を離れて動じないのではなく、不安のうちに動じないのであり、その時不安の不安性が消える」という表現に、[43] 西谷による覚の人間像の具体的なすがたを読み取ることができよう。

（三）久松による覚の人間像

久松による「覚」は、一元論の立場において考えられるものであり、二元論の立場では考えられない。一元論の立場において彼がもとめるのが「根源的ニヒリズムを転換した自己、絶対肯定的な無である真の自己」である。[44] ここでの「絶対肯定的な無」とは久松が独特な意味を付して鍵概念としてつかう「無」のひとつの表現法であり、それは「東洋的無」とよばれることもあり、[45] さまざまな論文でさまざまな側面からこの「無」について検討している。

久松は「東洋的無」をその他の「無」から弁別することが必要であるとして、「無」の種々相を順に検討している。[46] 第一の存在の否定としての「無」については、何らかの存在するものが否定される場合の「無」であり、「がない」の「無」であり、「東洋的無」とは異なるとする。第二の賓辞的否定としての「無」については、「でない」の「無」であり、これも「東洋的無」とは異なるとする。第三の理念としての「無」については、「何かがない」とか「何かでない」とかいうのではなく、存在一般もしくは有一般に対する非存在一般を意味するものであり、これも「東洋的無」とは異なるとする。第四の想像される「無」については、事実上は存在するものがあたかも存在しないかのように「無い」と想像される場合にもちいるものであり、これも「東洋的無」とは異なるとする。第五の無意識的な「無」については、熟睡しているときや気絶したとき、あるいは死んだときの「無」であり、これも「東洋的無」とは異なるとする。久松はこのように、「東洋的無」の外延を明らかにし、「東洋的無」が「有」から離れて「有」の外へでることではなく、むしろ「有」の解体によって「有」でないものになることであると指摘する。「東洋的無」の性格は、波を主体とするのを苦の人間像であるとみるならば、「主体が波から水に還元翻転するところ」にみられると説明する。[47]

久松によれば、「東洋的無」を体現した自己は「無相の自己(formless self)」である。[48] その自己は、いわゆるヒューマニズム(humanism)やニヒリズム、セイズム(theism, 有神論)をも超克している。一般的にいうところのヒューマニズムを超えているにもかかわらず、ある種のヒューマニズムであるということから、彼はそれを「次元を超えたヒューマニズム(deepest humanism)」とよぶ。[49]

「東洋的無」は、「能動的無」であるが、人々がそれを「受動的無」と混合してしまう危険性があるため、久松は「能動的無」と「受動的無」の相違について強調する。[50]「受動的無」は、「神に対して全く受動的な無」であり、神に依属するという意味で我をなくする「無」である。一方の「能動的無」は神と我とがまったく合一する「無」である。「受動的無」は、神や自然に自己の運命を任せるという生き方として一般的に知られるものである。ここでの自己は、自己を滅した後、他者的な神によって蘇る。他方で、「能動的無」は「真の仏教的主体」によってはたらくものである。「真の仏教的主体」においては、「滅度が現在であり、主体的主体的であり、絶対自力であり、絶対自律であり、能廻向的であり、絶対能動である」。[51] ここにおける神仏や自然は、他者的なものではなく、自己が示現するそのものとなるとともに、以下のように自己の世界観が一変するという。

今まですべてのものがバラバラになっていたが、渾然融和されて、あらゆるものが生きて来る。こ、れは私が死んだゆえにすべてのものが生きて来た。一旦棄てたゆえに一切のものが揚がって来た。[52]

「一切のものが揚が」るとは、一切のものの価値が蘇ることを示す。自己を棄てるところにおいて自己のみの価値だけでなく、あらゆるものの価値が蘇るというこの考え方は、「悟らぬ前は妄想であり、悟ってからは真智」という語が示すように価値の転換の可能性を示すものである。[53] 覚った自己は具体的には「無限の感謝」や「禁じようと思っても禁ぜられぬ歓喜」をおこし、「有難いという念が組織系統を作り、すべてのものに礼拝するようになる、一切のものに感謝するようになる」という。[54] このような自己は、現象的には悩んでいても、悩みのないところからそれをみているため、真にはそのような悩みは存在しえず、一般的な世間における対立をみたとしても、それがないのが本当であるということに気づいている。[55]

以上、鈴木、西谷、久松によるそれぞれが捉える覚の人間像について、それらの特徴を検討した。鈴木による覚の人間像は「生きることとの芸術家」や「随所が中心となる円周のない円相」というイメージで捉えられるものであり、西谷による覚の人間像は意識を突破したところからの自己省察や、自己の限定と超越とを繰りかえす自己として捉えられるものであった。久松による覚の人間像は自己を滅した後に他者的な神によって蘇る受動的な生き方をするものではなく、真の仏教的主体として捉えられるものであった。

鈴木、西谷、久松はそれぞれ、苦の人間が覚の人間へと転換する可能性を説く。鈴木によればそのきっかけは一本目のロウソクとしてたとえられ、西谷によればそのきっかけは自己と事物一切の根底にリアルに潜む虚無がリアルに自己に現前し、自己を含めてあらゆる事物が疑問と化すところとして表現され、久松によればそのきっかけは波から水に還元翻転するところにあらわれるものであった。三者とも、みずからが覚の人間像の境地に達したからこそ、その人間像を描きえたのだと考えられる。そこにいたるには相当な努力を要するものと考えられる。しかしながら、覚の人間へと自己を変革するきっかけは、一本目のロウソクを点じること、すべてが疑問と化すこと、自己を滅して蘇るところと表現されるところにあらわれるように、時間的側面に焦点化するならば瞬時のものとみられていることがわかる。瞬時のものであるからわれわれにとって容易に達することができるものであるとはいえないが、あらゆるものがその可能性を秘めていることを三者ともに認めている。このことは、あらゆるものに如来蔵を認める如来蔵思想にも通じる考え方である。

具体的にいかにして苦の人間を覚の人間へと変革することができるかについては、第二部の「『覚』と自己形成」の中で詳しく論じていきたい。鈴木、西谷、久松によって論じられる苦の人間像の特徴、覚の人間像の特徴、さらに苦の人間から覚の人間への転換について整理をした表を付し、本章のまとめとしておきたい。

表一　鈴木、西谷、久松による苦と覚

	鈴木大拙	西谷啓治	久松真一
苦の人間像	・卑しい境遇の奴隷	・ニヒリズム	・二元論的立場

覚の人間像	・生きることの芸術家 ・随所が中心となる円周のない円相	・意識を突破したところからの自己省察 ・自己の限定と超越とを繰りかえす自己	・真の仏教的主体
苦の人間から覚の人間への契機	・一本目のロウソクを点じる	・自己と事物一切の根底にリアルに自己に現前し、自己を含めてあらゆる事物が疑問と化す	・波から水に還元翻転する

註

(1) 望月信亨『望月仏教大辞典　第一巻』世界聖典刊行協会、一九三三年、四〇四―四〇五頁。
(2) 中村元ほか編『岩波　仏教辞典　第二版』岩波書店、一九八九年、一三七頁。
(3) 鈴木大拙『鈴木大拙全集　第十二巻』岩波書店、二〇〇〇年、二一九―二二〇・二五五頁。
(4) 鈴木大拙『鈴木大拙全集　第十巻』岩波書店、二〇〇〇年、三九六頁。
(5) エーリッヒ・フロム著、佐藤幸治・豊村左知訳「精神分析学と禅仏教」(鈴木大拙、E・フロム、R・ディマルティーノ『禅と精神分析』東京創元社、一九六〇年)一四二頁。
(6) フロム、同論文、一五八頁。
(7) フロム、同論文、一四六―一四七頁。
(8) 鈴木大拙『鈴木大拙全集　第七巻』岩波書店、一九九九年、二七―二八頁。
(9) 鈴木大拙「宗教経験の事実」(註(4)に同じ)三九頁。

(10) 鈴木大拙「禅による生活」(註(3)に同じ)二九一頁。
(11) 鈴木大拙「禅仏教に関する講演」(鈴木大拙、E・フロム、R・ディマルティーノ『禅と精神分析』東京創元社、一九六〇年)六二頁。
(12)「ニヒル(無)」から名をえたニヒリズムとは人間の生存の無意味さを主張する思想上の立場であることに共通性があるが、その内容はさまざまであるという(山崎正一、市川浩『現代哲学事典』講談社、一九七〇年、四七八頁参照)。ニーチェ(Nietzsche)のニヒリズム、老子のニヒリズム、仏教のニヒリズムなどさまざまにある中で、西谷はそれを自己の信念の崩壊や愛する者の死によって招かれるものとして、形而上学的なものではなくより人間に即したものとして捉えている。
(13) 西谷啓治『宗教とは何か』創文社、一九六一年、六頁。
(14) 同書、三六―三七頁。
(15) 同書、四〇―四一頁。
(16) 自己に対する執着については、仏教学者の横山紘一(一九四〇―　)によって、「わたしの自己愛こそがわたしが死を怖れるという最大の苦しみの直接原因である」と指摘されてもおり、またそのような執着が自己の苦のみにとどまらず、他者との衝突や他者の苦をも生むと指摘されている。横山は「自己愛こそ苦と罪悪の直接原因」であると端的に捉えている(横山紘一『十牛図・自己発見への旅』春秋社、一九九一年、四〇頁)。
(17) 西谷啓治著、上田閑照編『宗教と非宗教の間』岩波書店、二〇〇一年、二七五・二八二・二八六頁。
(18) 註(13)に同じ、三一五頁。
(19) 同書、二一〇頁。
(20) 久松真一『久松真一著作集　第三巻』理想社、一九七一年、七七頁。
(21) 西尾実ほか編『岩波国語辞典　第五版』岩波書店、一九九七年。

(22)　久松真一『久松真一著作集　第一巻』理想社、一九七一年、一五頁。
(23)　註（11）に同じ、三五頁。
(24)　同論文、九四頁。
(25)　同論文、一二〇―一二一頁。
(26)　同論文、三二頁。
(27)　同論文、九二頁。
(28)　註（5）に同じ、二四二―二四三頁。
(29)　同上。傍点は引用文献の著者によるもの。
(30)　煩悩即涅槃の語は、煩悩がそのまま涅槃になるという形而上的な意味においてつかう場合があり、煩悩がすぐに涅槃となるという覚の時間的瞬時性の意味においてつかう場合もあり、解釈は一定していない。
(31)　鈴木大拙「第一講　大智」（註（8）に同じ）二九―三二頁。
(32)　鈴木大拙「一禅者の思索」（『鈴木大拙全集　第十五巻』岩波書店、二〇〇〇年）七頁。
(33)　「十二支縁起」における十二の項目は「無明（avidyā）、行（saṃskārā）、識（vijñāna）、名色（nāmarūpa）、六入（saḷāyatana）、触（sparśa）、受（vedanā）、愛（tṛṣṇā）、取（upādāna）、有（bhava）、生（jāti）、老死（jarāmarana）」であり、順に「無知」、「潜在的形成力」、「識別作用」、「名称と形態、または精神と物質、心身」、「心作用の成立する六つの場、眼、耳、鼻、舌、身、意」、「感覚と対象との接触」、「感受作用」、「盲目的衝動、盲執、渇きにたとえられるもの」、「執着」、「生存」、「生まれること」、「無常なすがた、老いて死すこと」と一般的には解釈される。
(34)　西谷啓治、吉川幸次郎『この永遠なるもの』一燈園燈影舎、一九八五年、一六三―一六四・一七六頁。

(35) 註（13）に同じ、一三頁。
(36) 同書、二三頁。
(37) 同書、一一五頁。
(38) 註（34）に同じ、一六三頁。
(39) 註（13）に同じ、一八頁。
(40) 西谷啓治『西谷啓治著作集　第四巻』創文社、一九八七年、四〇九―四一〇頁。
(41) 註（13）に同じ、二七八―二七九・二八五頁。
(42) 同書、二八〇頁。
(43) 西谷啓治『根源的主体性の哲学』弘文堂書房、一九四〇年、二一三頁。
(44) 久松真一『久松真一著作集　第二巻』理想社、一九七二年、二六六頁。
(45)「東洋的無」について、東洋にしかないものという意味で久松はつかうのではない。たまたま東洋においてみいだされた無であるものの、西洋においても真に形而上的なるものとして存在する可能性があるとしている（註（22）に同じ、一五頁）。
(46) 同書、三四―三六頁。
(47) 同書、六六頁。
(48) 久松真一・八木誠一『覚の宗教』春秋社、一九八〇年、一六頁。「無相の自己」は、egoless selfとも表現される（久松真一「絶対危機と復活」〈久松真一・西谷啓治編『禅の本質と人間の真理』、創文社、一九六九年〉二一頁）。
(49) 同書、二・一九頁。
(50) 註（22）に同じ、六七―八一頁。
(51) 同書、七七頁。

(52) 同書、二四一頁。傍点は引用文献の著者によるもの。
(53) 同書、一三五頁。
(54) 同書、二四〇―二四一頁。
(55) 註(48)に同じ、二七二―二七三頁。

第二章　唯識説における自業自得の人間像と自己変革の人間像

第一節　自業自得を根拠づける唯識説の存在論

現代社会において、自己の権利の一方的な重視や、どこまでも他者の責任を追及する態度、あるいは社会から被害を受けているという考え方がみられる。他方、自業自得という考え方は、いかなる人間の行為であっても、基本的には自己の責任を免れることができないと考えるものである。自業自得とは「自らつくった善悪の業の報いを自分自身で受けること」と一般的には定義され[1]、どのような報いを受けるとしても、その報いはかつて自分でおこなった行為が結果としてあらわれたものであって、他人を怨むことも世間のせいにすることもできないというように、われわれに自己省察を促す考え方である。この考え方はたとえば、わが国の昔ばなしにおける勧善懲悪の物語としても歴史的に受け継がれてきた。自業自得という考え方は諦めをみちびくこともあるし、他方で、反省を促し、それによって現在と未来の生き方を変革することへの希望をもみちびきうる。苦を取り除くことを目的とし、覚をめざす仏教においてはもちろん、現在と未来の生き方を変革するという文脈上で自業自得の思想は語られてきた。自己省察と自己変革は容易になされるものではないが、仏教はそれらを人々にもとめ、それらの実践によって覚が可能となることを説く。

仏教の中でも「大乗仏教（Mahāyāna Buddhism）」において、「衆生（sattva）」、すなわちあらゆる生きものは、「苦」をもつ「凡夫（pṛthang）」と捉えられながら、他方で、覚への修行を実践する「菩薩（bodhisattva）」になりうる可能性をもつ存在として捉えられる。大乗仏教がおこる以前の仏教、すなわち初期仏教の主流の思想においては、救済される者は出家僧に限定されていた。大乗仏教はこのような初期仏教のあり方を本来の仏教ではないとみなし、批判的見地からそれを「小乗仏教（Hīnayāna Buddhism）」とよび、自分一人のみの救済に留まる小さな乗り物にたとえた。他方で自らの立場についてはあらゆる人々を救う教えであるとして「大乗仏教」、すなわち大きな乗り物とよぶようになったという。

大乗仏教の中の一思想である「唯識説（Vijñānavāda）」は、大乗仏教の中でもとりわけ、苦をもつ人間存在を理論的、構造的、詳細に分析、説明する思想として名高い。[2] 仏教において、「菩薩」や「覚」、「智（prajñā）」、「如来（tathāgata）」など、めざすべきところに関する経論釈が多い中で、唯識説は苦をもつ現実の凡夫の在り方の分析に力点を置き、さらに苦の人間と覚の人間がまったく懸絶されたものではないことを説くことによって、われわれに希望を与えてくれる思想である。なぜ人間が苦をもつ存在であるのかについて詳しく分析するということは、裏を返せばいかにすれば苦を取り除くことができるのかを考察することでもある。このような分析に力を注ぎ、唯識説を大成したのが大乗仏教の一派である「瑜伽行派（Yogācāra）」であった。今日においてもそれらの経論はいくつか残されている。

ここに概観しておくと、まず唯識説を説く最古の経として、二、三世紀頃の『瑜伽師地論』（*Yogācārabhūmi*）、

『解深密教』（*Saṃdhinirmocana-sūtra*）がある。その後、無着（Asaṅga, 三一〇—三九〇、三八〇—四六〇、三九〇—四七〇年説など諸説）が『摂大乗論』（*Mahāyānasaṃgraha*）を著した。「摂（saṃgraha）」が綱要を意味することからも、『摂大乗論』は大乗仏教を総合することを意図した論である。『摂大乗論』には、『大乗荘厳経論』（*Mahāyānasūtrālaṅkāra*）や『中辺分別論』（*Madhyāntavibhāga*）などといった、弥勒（Maitreya, 三—四世紀、四—五世紀など諸説あるが、この人物が実際に存在したかどうかはわかっていない）による著作として伝承されるものが引用されている。その後、無着の弟として知られる世親（Vasubandhu, 三二〇—四〇〇）によって『唯識三十頌』（*Triṃśikā Vijñaptimātratāsiddhi*）や『唯識二十頌』（*Viṃśatikā Vijñaptimātratāsiddhi*）が著された。世親は兄である無着の影響により、「経量部（Sautrāntika）」から大乗仏教に転向した人物として知られる。

このようにしてインドにおいてまとめられた唯識説に関する経論は、中国への移入とともに、真諦（Paramārtha, 四九九—五六九）の捉える唯識説と玄奘（六〇〇—六六四年ごろなど諸説）の捉える唯識説の二派に分かれた。近年のインド学仏教学の学界において、インドにおける真の唯識説を伝承したものは前者の真諦とみなすのが一般的である。真諦は、無着の『摂大乗論』を訳し、他方で玄奘は世親の『唯識三十頌』に対する護法（Dharmapāla, 五三〇—五六一）釈であるところの『成唯識論』を訳した。わが国でも、インド哲学研究者の宇井伯寿（一八八二—一九六三）によって真諦の唯識説が着目される以前は、玄奘の唯識説がそのわかりやすさの面から一般的に流布していたようである。しかしながら、宇井による指摘に加えて、近年では仏教学者の上田義文（一九〇四—一九九三）によっても真諦の唯識説が重視されている。[3]

今日わが国で知られる宗派との関連からいうならば、真諦の唯識説の流れを汲むのは摂論宗であり、玄奘の流れを汲むのが法相宗である。別の宗派として存在することからわかるように、おなじ唯識説でありながらもその内容は異なる部分が意外にも大きい。本章では近年の学界の傾向にしたがって、前者の真諦説を中心に論じることとする。

唯識説の中で説かれる内容は大きく二つに区分することができる。第一に苦の人間存在に関する分析であり、第二に苦から覚への人間の変革可能性についての理論である。前者がとりわけ自業自得の考え方をみちびきだす理論であるといえよう。唯識説において、前者に関連が深い術語を挙げると「マナ識（マナス、manas-vijñāna, 漢音表記は末那識）」、「アーラヤ識（ālaya-vijñāna、漢音表記は阿頼耶識、阿羅耶識、阿黎耶識、あるいは阿梨耶識）」、「種子（bīja）」、および「熏習（vāsanā）」などがある。また後者に関連が深い術語として、「転依（āśrayaparāvṛtti）」や「三性（tri-svabhāva）」などがある。本章では前者と後者についてそれぞれ論じてみたい。

第二節　唯識説における苦の人間存在と覚への変革可能性

唯識説がおこる以前、初期仏教の「アビダルマ（Abhidharma）」では、人間は六つの「識（vijñāna）」によって構成されるものと捉えられた。六つの識とは、「眼識（cakṣur-vijñāna）、耳識（karṇaḥ-vijñāna）、鼻識（ghrāṇa-vijñāna）、舌識（jihvā-vijñāna）、身識（kāya-vijñāna）、意識（mano-vijñāna）」の六つであるが、その後の唯識説は、これら六識に二識を加えて人間存在を説明するということをはじめた。二識とは、マナ識とアーラヤ識であり、いずれも第六の意識よりも心の奥底に存在するものとして捉えられた(4)。第七のマナ識は、それが汚染されているという意味から「染汚意（kliṣṭa-manas）」ともよばれる。マナ識が汚染されているとは、アーラヤ識を不変的な実在的自我であるかのように自我構成するという意味においていわれる。この自我構成によって、主体そのものは硬直化する。硬直化は極度の狭量性と徹底した不透明性とを内含するという(5)。狭量性とは、万物の中心に自我を据え置き、一切のものを自我のためにのみ飢餓的に捉えようとすることであり、不透明性とは、自己とまったく対等なはずの他者存在を容認する余地をわずかももたないことであるという。このような硬直化によって、認識一般は歪曲される。認識一般の歪曲によってもたされるものとして、感性的経験の歪曲、各種の神経症者の自己認識・他者認識の歪曲、統合失調症者の妄想・幻覚があるという。ここに示されるように、マナ識はエゴイズム（egoism）の根源となる意識であり、自己愛の識であり、第八のアーラヤ識を対象として妄想や執着を引きおこす。

アーラヤ識は多義的性格をもつ識であり、人間の心的基盤ともいわれる。アーラヤ識は「蔵識」、あるいは「宅識」と漢訳されることからもわかるように、ここで蔵や宅と名づけられる理由として、第一に種子にたとえられる「諸法（sarva-dharma）」を能動的に蓄える「能蔵」という意味、第二に種子が熏習されている状態としての「所蔵」という意味、第三に「我執」としてはたらくマナ識によって執着されるという「執蔵」の意味がある(6)。

ここではとくに第三の「執蔵」に着目したい。マナ識が立てられる以前には、マナ識の役割である我執は、アーラヤ識がその役割を担っていた。『摂大乗論』においては具体的に、アーラヤ識が我執をもつことについて説く箇所がある。

〔アーラヤ識は〕個我の実在を見ること、自我ありとして高慢なること、自我への愛着、および〔自我に関する〕無明――と常に結びついており、〔他の〕識が汚染せられることへの依り所となる。(7)

ここでは四種の「煩悩（kleśa）」である「我見、我慢、我愛、無明」をアーラヤ識が担うものと捉えられている。このような煩悩とアーラヤ識の関係性は、後世になってマナ識が別立されるにつれて薄くなり、アーラヤ識の執蔵の意味はより生物学的な観点、具体的には自己の生を持続させることへの執着という意味合いとして説明されるようになっていったようである。(8) 煩悩がマナ識に関係が深いのかアーラヤ識に関係が深いのかについては、思想の歴史的変遷と関わる問題であり、ここではこれ以上追究するということをしないが、いずれにせよ、煩悩について、それがもともと人間存在に備わるものとして説明する点に唯識説の人間に対する深い洞察力が垣間みえるのではないだろうか。

つづいて、アーラヤ識の機能のうち、執蔵以外の二つの機能、すなわち行為や経験を能動的に蓄える「能蔵」と、種子が熏習されている状態としての「所蔵」について検討する。これらのはたらきも執蔵とおなじく、苦の人間存在と関わってくるものであるが、それは苦から覚への人間の変革の可能性について間接的に示唆するものでもある。種子の概念は「植物の生成」に、熏習は「熏香の事実」にヒントをえたものであり、いずれも実際生活に密着した概念であると指摘されるように[9]、唯識説は人間の中のみえない心理的側面をわかりやすく植物の生成や香りのイメージをもちいて捉えようとする。

仏教がおこる以前から、インドには、業の思想、すなわち行為が後に残す力に関する思想が存在したものの、仏教がおこる以前の思想と仏教との間には顕著な相違がある。前者が現在の状況を仕方がないものとして受け入れることを要求する思想であったのに対して、後者は現在の状況を変革し未来に希望をみいだす可能性を説く志向をもつという相違である。前者から後者への思想的変化は、具体的にインドにおける「身分制（caste）」を肯定する思想から、身分制を否定し平等を重視する思想への変化に反映された。唯識説は、このような業思想に関して、これまで漠然としていた業の保存という思想をより体系的な理論の中で、アーラヤ識の役割として捉えた。さらに、価値的に望ましくない業を解消していくことの可能性についてもおなじく体系的に説いた。業は種子にみたてられ、それらがアーラヤ識に保存されることを熏習とよび、熏習されたその結果を「習気（vāsanā, 梵語表記は「熏習」とおなじ）」とよんだ。さらに、アーラヤ識に保存された種子が現在の行為に顕在化することを「現行」とよんだ。

唯識説を説く『摂大乗論』では種子のもつ意味を六種にわたって挙げており、その中で、種子は常住不変のものではなく、毎刹那に生じて滅していくこと、他方で種子が単に一刹那だけ存在するということを意味しているわけではなく、そのような刹那が積み重ねられていくという意味であることについて説かれている。このような種子の特徴をイメージとして捉える仕方に、あたかも映画のフィルムの一コマ一コマが継起するという捉え方があり、このたとえは持続して継起するという種子の特徴を示すものである[10]。価値的に望ましい行為を一つひとつ積み重ねるということは、自己のアーラヤ識に望ましい種子を増やしていくことである。逆に、価値的に望ましくない行為をする場合には、そのような種子が自己のアーラヤ識に蓄積されていく。望ましくない種子が多く蓄えられたアーラヤ識は、望ましくない種子を多く現行してしまう。すなわち、自業自得である。

以上のように唯識説において、アーラヤ識、種子、熏習といった概念を中心としながら、現在結果としてあらわれているものはすべて過去の自己の行為によるものであることが説明される。つづいて、自己にとって現在あらわれている結果がたとえ望ましくない結果であっても、それを諦めとして受け入れるしかないものとはせず、またその原因を他者の責任に転換するのでもなく、自己省察によって新しく希望ある未来につなげていくことを示す唯識説の側面を検討しよう。具体的には、過去に望ましくない種子を多く蓄えてきてしまった人間にとって、よい意味での自己変革が可能であるのかという点について唯識説にのっとって検討してみたい。

このことに関して、唯識説は「転依」、すなわちよりどころが転回することを意味する概念を提示する。この概念は、これまでの自己のよりどころであったアーラヤ識が転回して、アーラヤ識でないものになることを意味する。仏教学者の長尾雅人（一九〇七―二〇〇五）によれば、転依とは、「論理的世間的立場からすれば、その立場の根拠である自己存在が自ら崩壊し解体して根拠としての意味を失うことであり、世間を超えた仏の立場からすれば、法界が自己顕現して法身となること」である。[11] 転依はまた別の語で「転識得智」とよばれる。転識得智とは、その文字にあらわれているように、識を転じて智を得るという意味をもち、それはまた「境識倶泯」、「無心」、あるいは覚とも同義語である。アーラヤ識をもつ者が智をもつ者へと変革する可能性を、唯識説は転依という語によって保証している。

転依は、唯識説における三性説によって理論的に裏づけられる。三性、すなわち三種の存在形態は三種の認識作用でもある。したがって、三性説は存在論の面をもつとともに認識論の面をもつ、両論にまたがる理論である。三性は具体的に、「遍計所執性(parikalpitasvabhāva)」、「依他起性(paratantrasvabhāva)」、および「円成実性(pariniṣpannasvabhāva)」からなり、これら三つの性はすべて「自性(svabhāva)」、すなわち本性とされる。[12] 三性説に関する具体的な検討は第三部「『覚』の諸相」の第一章においておこなっていきたい。

第三節　譬喩にみる唯識説の人間観

第二節では唯識説における苦の人間存在に関する分析について考察し、また苦から覚への人間の変革可能性に関する唯識説による捉え方を指摘した。以上に検討してきた唯識説の存在論について、『摂大乗論』には譬喩がいくつか掲げられている。『摂大乗論』の第一節はアーラヤ識の解明を、第二節は三性説の解明について譬喩を通しておこなっている。本節では『摂大乗論』の第一章における「絞りの譬喩」と「衆盲模象の譬喩」について検討する。

例えば絞り染めをするために布を絞っても、その時にはまだ種々の色は現われないが、これを染色の器に入れるならば、その時、布の上に別々に異なった色が、多数に種々の模様として現われるのである。(13)

このように、「絞りの譬喩」は、熏習を染色にたとえるものである。染色の器は善悪を含め種々の行為をたとえるものであり、模様としてあらわれる色は種子としてアーラヤ識の中に保ちつづけられる業をたとえるものである。染色された布は、自己の過去行為を映す結果であることを示している。つづいて引用する「衆盲模象の譬喩」は、アーラヤ識をもつ人間の顚倒した見方を示すものである。

あたかも、生れつき盲目で、かつ未だ象をみたことのない大勢の者に喩えられよう。ある男がかれらに象を示したとき、かれらのある者はその象の鼻に触れ、ある者は牙に触れ、ある者は耳に触れ、ある者は足に触れ、ある者は尾に触れ、ある者は背骨に触れたとしよう。そこで彼らに向かって、象とはどのようなものか、と問う。するとある者のいうには、象は犂の把手のようだといい、ある者は杵のようだといい、ある者は箕のようだといい、ある者は臼のようだといい、ある者は箒のようだといい、ある者は大きな岩のようだという。(14)

この譬喩は、人間が無明であるということの意味を説明するものである。無明の人間とは象の全体像を理解しえない者たちであり、彼らは一部のみを捉えてそこに執着するために意見の食いちがいがでてくる。虚妄分別をもつ人間は、物事をある一側面からのみ捉えてそれを全体であると妄想するために、真如を理解しないということをたとえている。未だ智に転じていないアーラヤ識をもつ人間と、真如を知る覚の状態の人間を、象の一部しか知らない者と象のすべてを把握する者との対比によってあらわしている。

第四節　自業自得の考え方から自己省察と自己変革の議論へ

唯識説は、苦をもつ人間存在について、我意への執着や無明をもつ存在として分析するものの、決して悲観的な人間観におわるものではない。仏教思想はそもそも、現実に苦しむ人間を観察し、その苦からいかにして解放されるかという実践的課題の解明を出発点としているところにその理由がある。唯識説もその文脈の中にあって、覚の希望と可能性に満ちた人間観を提示する。唯識説の考え方には、過去に望ましくない種子を蓄えてきたことに対する反省の意義や、現在を起点とし生き方を百八十度変革して新たな人間として生きていくことの可能性をみいだすことができる。さらに唯識説は日常生活における障壁や苦の原因を他人に帰属することを促さないものであることはもちろんのこと、あくまで自己の省察を促す思想である。さらに唯識説には、現在、自身を不幸であると感じている人間が、現在を分岐点として瞬く間に幸せに感じるという可能性が秘められている。たとえ客観的には失敗におわったようにみえる過去の行為であっても、それを真に無意味なものに帰してしまうかどうかは現在の自己のあり方にある。唯識説は、過去の失敗を無意味なものに帰するのではなく、それを現在や未来に意味あるものとして変えていくことの可能性を示唆してくれる。

しかしながら、四煩悩が批判されていたように、我意への執着をもつとき、人間はこれまでのいきがかりを捨てることができない。「極度の逆境にあって自己を客観的に省察するには、強い意志が必要であり、それには先ず気概の力を発揮すること、発憤することが必要」という西谷啓治による指摘は、[15]この点において重要な意味をもっているだろう。自己の変革には決心や努力といった精神力を要する。唯識説の人間観にのっとるならば、現在の自己の環境はすべて過去の自己の行為に関わるものであり、それを他者の責任として追及することはできず、自己の省察によって新たな未来につなげていくところに希望がある。

唯識説はおなじ喩伽行派による如来蔵思想と影響しあった思想である。煩悩の塵に覆われていても、その塵は払い除くことができるということを説くのが如来蔵思想である。唯識説の転依の思想は覚の可能性を示唆する点で如来蔵思想と重なる面をもつ。唯識説が苦の人間像の分析に焦点を当てるのに対して、如来蔵思想は覚の可能性をより強調する思想である。現実の自己をみすえる点では唯識説から示唆を得る部分が大きいが、覚の可能性を追究する点では如来蔵思想の検討からより大きな示唆を得ることができる。この意味で、唯識説と如来蔵思想は相互に補完的な思想である。

註

（1）新村出編『広辞苑』第六版、岩波書店、二〇〇八年。

（2）唯識説に関して本章で主に参考にした文献を以下に挙げる。

上田義文『佛教思想史研究』永田文昌堂、一九五一年。上田義文『大乗仏教思想の根本構造』百華苑、一九五七年。上田義文『唯識思想入門』あそか書林、一九六四年。上田義文『大乗仏教の思想』第三文明社、一九七七年。岡野守也・羽矢辰夫『摂大乗論　現代語訳』星雲社、一九九六年。岡野守也『大乗仏教の深層心理学「摂大乗論」を読む』青土社、一九九九年。高崎直道『唯識思想』春秋社、一九八二年。長尾雅人『インド古典叢書　摂大乗論　和解と注解　上』講談社、一九八二年。早島鏡正ほか『インド思想史』東京大学出版会、一九八二年。深浦正文『唯識学研究　下巻』永田文昌堂、一九五四年。

（3）上田義文による真諦の唯識説に関する著作については、まとめて論じているものだけでも、『佛教思想史研究』（永田文昌堂、一九五一年）、『大乗仏教思想の根本構造』（百華苑、一九五七年）、『唯識思想入門』（あそか書林、一九六四年）、『大乗仏教の思想』（第三文明社、一九七七年）というように何冊か挙げられ、その他論文も含めると豊富な数が存在する。

（4）さらに後の時代には、九つ目の識として「アマラ識（amala-vijñāna、漢音表記は阿摩羅識）」が立てられた。アマラ識は、アーラヤ識が純浄となったものを別立した概念である。

（5）主体の硬直化や自我構成というようなマナ識についての現代的心理学的な語をつかう説明に関しては、早川進の「唯識実存分析論研究」（『佛教大学大学院研究紀要』第五号、佛教大学、一九七七年、二〇四—二〇五頁）を参照。

（6）能蔵、所蔵、執蔵の三語は、『摂大乗論』を基に、漢訳『成唯識論』に説かれる。

（7）長尾雅人『インド古典叢書　摂大乗論　和解と注解　上』講談社、一九八二年、九〇頁。（　）内は引用者による。

（8）同書、八七—八八頁。『摂大乗論』において、我執はアーラヤ識に関連が深いものであり、マナ識という術語は未だ存在せず、『唯識三十頌』や『成唯識論』においてはじめて第七マナ識が我執の役割を担う識として確立された（同書、一三二頁）。

(9) 同書、一六八頁。

(10) 同書、一五七―一五九頁。

(11) 同書、二二八頁。

(12) 梵語から漢訳するときに、訳者によってはこれら三者を順に「分別性」、「依他性」、「真実性」と訳したり、あるいは「妄想分別」、「他」、「成就」と訳す場合もある。

(13) 註（7）に同じ、一四五頁。

(14) 同書、一五二頁。

(15) 西谷啓治『西谷啓治著作集　第四巻』創文社、一九八七年、二〇〇頁。

第三章 『如来蔵経』における「苦」と「覚」

第一節 大乗仏教における「現にある人間」と「あるべき人間」

今日、わが国では子どもの現時点での興味や関心を優先することが子どもの自主性の尊重であり、それをしつけや教育の根本にすえる考え方がある。子どものやりたいことをすすんでやらせて、逆にやりたくないことについては無理強いしないという教育である。しかしながら他方で、子どもが社会的規範を無視してやりたいようにふるまう場面に遭遇するとき、子どもの自主性ばかりを尊重することに対しての疑惑がおこることもある。このように、大人自身が、子どものしつけや教育について、子どもにとってどのようにすることがよいことであるのか悩むことがしばしばあり、そのような軸の定まらない大人の考え方の下で育つことにより、子ども自身も迷うということがある。このような教育の影響を受けてか、子ども自身が「個性」や「自分らしさ」の尊重ということばの意味を履き違え、みずからの現状を悪い意味でも肯定し、自己形成や学力の向上のための努力を怠り、安易な方向に流される傾向がみられる。さらに子ども自身が、自らの気のすすまないことはやらなくてもよいということを、あたかも正しい権利であるかの如く主張することがある。

このような問題がある中、わが国の大正新教育運動において乗り越えようとされた画一的権威的な教師中心主義の教育に戻るべきというように論じるつもりはない。自由主義教育や児童中心主義の成果はよい意味でもちろん大きい。しかしながら、自由主義や児童中心といったことばの背後にある思想をみおとして、偏ったかたちでそれらを取り入れてしまうとき、単に子どもを甘やかすことにつながり、それが子どもの忍耐力の不足や勝手気ままな行動を招くおそれがある。

西洋の子ども観の背後にはキリスト教の思想が存在しているが、わが国は西洋から近代教育制度を移入しつつも、その背後にあるキリスト教人間観までは移入していない。心理学者の小嶋秀夫（一九三七―　）が指摘するように、明治期に西洋文化を取り入れた日本人は、「列国の階層の中に自己を位置づけ、その向上を図る努力へとつなげ」、それと併せて「人類の生物学的進化の歴史を反映して順々に繰り広げられる子どもの欲求に応じてカリキュラムを構成する必要性」を説いた(1)。一方で、西洋とアジアとの相違点として、自己、他者、両者間の関係について、対照的な捉え方がなされるということに関する研究もすすんできたと指摘されている(2)。この指摘にあるように、西洋とアジアの比較論的な研究や、西洋の教育についての研究が盛んとなった明治期以降のわが国においては、子ども観、ひいては人間観は日本古来のものではなくなった(3)。よくも悪くも、文化や伝統に支えられた子ども観ではないものが主流となってきたということが、子どものしつけや教育に対するわが国の大人の自信のない姿勢の一因となっているとも考えることができる。

明治期以前からのわが国の伝統的な人間観について公の教育と絡めて論じられることは少ないが、本章では、わが国の伝統的な人間観の一部となっている大乗仏教の如来蔵思想を掘りおこし、その教育的道徳的意義について考察する。如来蔵思想は「一切衆生は如来蔵なり」ということを主題とする思想であり、インドにはじまり中国を経てわが国に移入した大乗仏教の一思想である。わが国の仏教の諸宗派には程度の差はあれほとんどこの如来蔵思想が含まれている。如来蔵思想を扱う経典がいくつかあるうち、『如来蔵経』(*Tathāgatagarbhasūtra*)がもっとも初期に「一切衆生は如来蔵なり」ということを前面に世に打ちだした経典である。

ともすれば自由主義教育や児童中心主義教育が「現にある人間」の自由を尊重することによってわがままな人間をつくりだしてしまう危険性をもつ一方で、大乗仏教においては「現にある人間」は常に人間的な向上をもとめられる。「現にある人間」はみずからのうちにある「あるべき人間」の可能性に気づき、それにむかって常に向上しようと努めなければならない。「現にある人間」は大乗仏教において凡夫という術語であらわされ、「あるべき人間」は「仏(Buddha)」や「如来(tathāgata)」をめざす者、すなわち菩薩という術語であらわされる。仏は覚った者を意味し、如来は「真如(tathatā)」の世界からこの濁悪の世へやってきた者、あるいはこの濁悪の世から真如の世界へいく者を意味する。菩薩は菩提薩埵の略であり、「菩提(bodhi= 覚り)」をもとめる菩埵(sattva= 生き物)」を意味する。

凡夫の特徴として、「貪(rāga)」、「瞋(dveṣa)」、「痴(avidyā)」をもつということがある。この三つは三毒とよばれる。貪は何でも自分の都合のよいようにしたいことであり、瞋は自分と考えの異なる人に対して不愉快を感じることであり、痴は目の前のことばかりを考え前後のことを考えないことであると説明されたり、[4] あるいは貪と瞋とを対極するものと考えて、貪は好ましいものに対する気持ち、瞋は好ましくないものに対する気持ちであり、いずれも心情的な煩悩であると説明される。さらに後者の説明においては、貪や瞋が心情的な煩悩であるのに対して痴は知的な煩悩であり、知的な煩悩をなくすこと、たとえば愛する者がいつまでも自分のそばにいるわけではないという真理を覚ることにより心情的な煩悩からも離れることができると捉えられる。[5] これらの三毒を根本として、煩悩は百八にまで膨れ上がると大乗仏教ではいわれることもある。凡夫は当然よいこともするが、以上のような煩悩をもつがためにみずから苦しむことが多い。したがって、凡夫の特徴をそのまま自然に伸ばすということは、苦しむ人間を安楽な境地へいたらしめるという仏教の趣旨とは背反する。

次に「現にある人間」と対比的に、「あるべき人間」、すなわち菩薩について大乗仏教においていかなる特徴が論じられているかについて検討したい。菩薩は、わが家の「よき息子（kulaputra）」とよばれ、わが家とは如来の家を指す。菩薩は「六波羅蜜（ṣaṭpāramitā）」を実践する者であるという。波羅蜜とは梵語をそのまま音写したものであり、漢訳では「度」、すなわち彼岸（悟りの岸）へ「渡す」という意味がある。[6] 六波羅蜜は順に、「布施、持戒、忍辱、精進、禅定、智慧」であり、前五項目の実践によって第六に挙げた智慧が備わると捉えられる。第一の布施には「財施、無畏施、法施」が数えられ、財施とは必ずしもお金を施すこととは限らず、他人の無駄を省かせることでもあるという。無畏施とは、文字通り、他人の心配をなくすることを指す。法施は人に教えを与えることを指すが、ことばでいうだけでなく、むしろ自らにこやかにすることによって他人ににこやかにすることを教えることや、みずから努力することに

よって他人に努力することを教えることなども法施にあたるという。(7)

六波羅蜜のうち、第二の持戒については字義どおり戒を保つことであるが、これは自身を完成させるためのものであって、これによって偏狭な人間になってはならないということから、第三に忍辱が挙げられ、他人にはやわらかい気持ちでむかうことを教え、順境にいても逆境にいても瞋らず驕らないことを教えている。凡夫の貪、瞋、痴との関連からみると、布施は貪という病を治し、持戒は瞋という病を治し、忍辱は痴という病を治すものであるという。(8)

このように日常生活を正していくときに生活が気持ちのよいものになり、さらに精進、禅定、智慧の段階に入ることができるという。精進とは、人間としてもっとも大事なことに対して純粋にすすむことであり、それを貫くことである。禅定は、インドの瑜伽行派が重視したもので、静慮と訳される。(9)体を動かさないというよりも、心を静かに落ちつけることを指す。現代社会はみな多忙だが、そのような環境にあっても心静かにあることの重要性を指摘するものである。以上の五項目を身につけていくことにより、仏とおなじ気持ちになることができるという。それが仏と心が通うということであり、真如を知り、あらゆるものに仏性があることを知るようになることである。この段階が智慧をえる段階である。(10)

六波羅蜜の実践が日常的に難しいことについては、五濁、すなわち「劫濁、煩悩濁、衆生濁、見濁、命濁」の世の中にわれわれが生きているということからも説明することができる。劫濁といわれるように、長い歳月によって複雑化した世の中であり、煩悩濁といわれるように自己中心的な考えや迷いが多い世の中であり、衆生濁といわれるようにすべての人が異なる意見をもつ世の中であり、見濁といわれるように立場が異なるからこそ衝突がおこる世の中であり、命濁といわれるように命が短いことから迷いがおこるという世の中にわれわれは生きている。(11) しかしながら一方で、煩悩即菩提といわれるように、「現にある人間」即「あるべき人間」という可能性を大乗仏教は説く。(12)「現にある人間」と「あるべき人間」の関係性について第二節で考察していきたい。

第二節　「現にある人間」と「あるべき人間」との関係性

「現にある人間」と「あるべき人間」との関係性は如来蔵思想において明確となっており、それは以下の三点に集約することができる。

①「現にある人間の中には、あるべき人間の可能性が含まれている」

②「しかしながら、現にある人間は、自身の中にあるべき人間の可能性が含まれていることに気づかずにいる」

③「現にある人間はあるべき人間の可能性に気づき育てていくことによって、あるべき人間になることができる」

以上に挙げた三点は、如来蔵思想研究者の高崎直道によってそれぞれ「衆生たちは如来の胎児たち」であること、「如来＝真如が衆生たちの胎児」であること、「如来の界＝種姓＝因が衆生の胎児」であるということというように表現されている。またこれらはそれぞれ、「宇宙大の法身＝如来智が衆生の一人一人に遍在する」、「衆生の胎中に如来がある」、「衆生の胎中にあるのは如来となる因、仏性である」とも説明される。[13] これらを、仏教的術語を排して一般化していい換えてみたものが①、②、③である。

『如来蔵経』は如来蔵思想を理論づけるところまではおこなっておらず、如来蔵思想を高らかに宣言したところにその役割をもつ。[14] したがって、理論的に『如来蔵経』の内容を上記の三点に集約したのは後の『宝性論』(*Ratnagotravibhāga*)である。『如来蔵経』では上記の三点について、萎んだ蓮華の「蕚(garbha)」の上に如来が座っているという情景を視覚的に示し、さらに九つの譬喩によって説明している。[15]

九つの譬喩をそれぞれ①、②、③のいずれかに当てはまるものとして明確に分類することはできず、論典でもそのようなことはなされていない。①と②を含む譬喩や、②と③を含む譬喩などがあり、明確な区分はないからである。①、②、③は相互に関連する事柄であるが、ひとつの分類法として以下のように分類してみたい。

①に関する譬喩――「萎んだ蓮華の中の諸仏の譬喩」(第一喩)「不浄所に落ちた真金」(第四喩)、「ぼろきれにくるまれ、道に捨てられた仏像」(第七喩)、「鋳型の中の真金像」(第九喩)

②に関する譬喩――「貧家の地下にある宝蔵」(第五喩)

③に関する譬喩――「群蜂にかこまれた蜂蜜」(第二喩)、「皮殼に蔽われた殼物」(第三喩)「樹木の種子」(第六喩)、「貧女が転輪王子を懐胎する譬喩」(第八喩)

①に関する譬喩は、不浄所に落ちていても真金であることに変わらず、ぼろきれにくるまれて道に捨てられていても仏像であることに変わらないといったように、いかなる人間の中にもおなじように、「ある

べき人間」の可能性が存在することを説くものである。真金も仏像も不壊、不滅、不変なものとして示されているという。[16] これらのものは大乗仏教における「滅諦（nirodhasatya）」、すなわち「苦（duḥkha）」がなくなった「涅槃（nirvāṇa）」の境地をあらわす。

②に関する譬喩は、宝蔵が貧家の地下にあるときには宝蔵の存在は知られないように、「あるべき人間」の可能性は「現にある人間」をみただけではわからないことがあることを説くものである。宝蔵を掘ろうとする意欲をもつこと、すなわち初発心の段階を経るためには、信が必要となる。ここでの信は超自然的なものに対する信を意味しているのはなく、自己の内部にある仏性に対する信である。信をもつきっかけとして自己の内部に仏性があることを教えてもらえるということが、すなわち如来の慈悲であると理解される。[17]

③に関する譬喩は、種子は樹木に生長することに意義があるというように、可能性の存在を知り、それを成長させてこそ意義があることを説くものである。大乗仏教における「道諦（mārgasatya）」、すなわち苦を滅する涅槃を実現する方法に位置づけられる。「群蜂にかこまれた蜂蜜」（第二喩）や「皮殼に蔽われた穀物」（第三喩）もそれに関連して、外の蔽いを取りのぞかないことには意義をもつ中身があらわれないことを説くものである。すなわち、周りの蜂を取り除かなければ蜂蜜を得たいと思う人も蜂蜜を得ることはできないし、穀物の周りの皮殼を取り除かなければ穀物を食べたいと思う人も食べることはできないのである。

ところで、「一切衆生は如来蔵なり」を視覚的にも示し『如来蔵経』の趣旨をあらわす代表的な譬喩ともいえる「萎んだ蓮華の中の諸仏の譬喩」（第一喩）とそれに継続する説明の箇所は、本研究の序章の冒頭に記した部分である。(18)

さまざまな植物がある中でも蓮華は、開いた花弁の中に、あるいは萎んだ花弁の中に蕚として同時に種子をもっており、因果を同時にみせてくれるものとして特徴的である。すなわち、原因（去年の種子）が結果（現在の花弁）としてあらわれ、そこにまた次の因（未来の花弁となる種子）を包んでいる。過去の煩悩が原因となることにより、たとえ現在花弁が萎んでいるにせよ、現在という蕚にある種子は未来の原因になるものとしての可能性を含んでいる。すなわち、現在の六波羅蜜の実践による結果として未来に仏になる可能性を視覚的に説く点で、萎んだ蓮華の譬喩は含蓄に満ちている。

教育や道徳が一般的に成り立つのは①や③が信じられているからであろう。仏教においては、「現にある人間」から「あるべき人間」への移行は、知識を身につけることではなく、技能的にできることを増やすことでもなく、煩悩の消滅と六波羅蜜の実践として捉えられる。さらに②を指摘するところが如来蔵思想の独自な点である。

第三節　自身や他人の中にある「あるべき人間」の可能性に対する信

以上の検討を踏まえて、親や教師ができることと子ども自身の努力によることについて検討する。

そこで②に着目したい。「現にある人間が自身の中にあるべき人間の可能性が含まれていることに気づかない」ことは問題である。なぜならこのことに気づかなければ③にすすまないからである。このことは現代の教育や道徳を考える上での二つの問題として整理することができる。

第一に、子ども本人が自身の中に「あるべき人間」の可能性が含まれていることに気づかないという問題、第二に、子どもは親や教師によって、自身の中に「あるべき人間」の可能性が含まれていることを教えられてきていないという問題、すなわち親や教師が子どもの中の「あるべき人間」の可能性を信じていないという問題があるのではないだろうか。

仏教では、自身の中の「あるべき人間」の可能性を気づかせる役割は如来にあり、それは如来の慈悲であるとされるが、親や教師が如来の慈悲の役割を果たしてこそ、子どもたちは自身の中にある「あるべき人間」の可能性を信じることができ、さらに他者の中にある「あるべき人間」の可能性をも信じることができるようになるのではないだろうか。他者の中にある「あるべき人間」の可能性を信じることは、他者を尊重することへとつながる。それは他者が尊厳性をもつことを信じることでもある。さらにそれは、子どもであっても慈悲の心を他者に対してもつようになることへとつながる。②の問題が解決されてこそ、③が可能となる。③は本人の努力や忍耐力による以前に親や教師の援助によって促されるものといえ、また自身の初発心、すなわちみずから向上したいと強く願う最初の心がその決め手となるものであるといえる。ここでの教師の援助は、教育課程においては道徳にもっとも関連が深いものであろう。道徳の時間のみならず、子どもたちとむき合うときに常に相手がもつ「あるべき人間」の可能性を意識し大事にすることによって、子どもたち自身もみずからの「あるべき人間」の可能性に気づき育てるようになると考える。

以上に検討してきた如来蔵思想にもとづく子ども観からは、子どもの望むままに行動させることを第一としたり、子どもに自己の権利を一方的に主張させることを促す教育はでてこない。如来蔵思想においては、「現にある人間」を尊重するというよりも「現にある人間」が「あるべき人間」となる可能性をもつことや、それを知り信じてそれにむかって努力することを尊重するからである。今日、わが国においては社会の変化により、必ずしも高学歴が出世にはつながらず、必死になって学力を上げようとする子どもたちが以前よりも減っているという印象をもつ。しかしながら、学力の向上が一見本人たちにとって必要ないものと映ったとしても、人間性の向上についてはあらゆる子どもが望まなければならないことであろう。「現にある人間」に留まろうとしても知らぬ間に堕落してしまう危険性をもつのが人間というものであること、「現にある人間」は「あるべき人間」の可能性をかならずやもっているということ、「あるべき人間」へとむかうために人間は努力するべきであること、といった如来蔵思想の子ども観、ひいては人間観を知ることは教育者にひとつの教育的道徳的意義を与えるのではないだろうか。[19]

註

(1) 小嶋秀夫『新・児童心理学講座　第一四巻　発達と社会・文化・歴史』金子書房、一九九一年、一二頁。
(2) 同書、一七頁。
(3) 日本古来の子ども観がすべてよいものであったとはいえない。たとえば、子ども観の歴史を研究する乾孝（一九一一―一九九四）は「古くは親の私有物であった子どもたちが、徳川初期には、主家の所有品となり、町人の文学中に一瞬人間性の一面を見出されかけたまま、幕府の圧政下に牛馬の成長を続け、もっと悪いのは日の目を見ずにほうむられつつ、その封建制度のあがきの内に、国家の道具として仕立あげる方策のうちにようやく一つの場所を与えられた」と論じており、解放されなかった子どもの歴史という視点から日本の子ども観を描く研究もある（乾孝ほか『日本〈子どもの歴史〉叢書一　児童観の歴史／教育的児童観の研究』平文社、一九九七年、一一三頁）。

（４）小林一郎『法華経大講座　二』日新出版、一九六二年、一〇六頁。

（５）高崎直道『仏教入門』東京大学出版会、一九八三年、一二九―一三〇頁。

（６）「pāram」が「彼岸に」を意味し、「ita」が「行く」を意味する。渡すはたらきは自己のためではなく、他者のためであるということを加えて指摘しておきたい（同書、一六八頁）。また、「八正道（ariya aṭṭaṅgika magga）」が自己の人格形成のための道であるのに対して、六波羅蜜は対社会的なものという相違があるという水野による指摘も重要な観点である（水野弘元『仏教の基礎知識』春秋社、一九七一年、二二七頁）。

（７）「財施、無畏施、法施」の解釈については『法華経大講座　二』三七六―三七八頁によった。

（８）潮音道海（一六二八―一六九五）の『霧海指南』によって、鎌田はこのように六波羅蜜について論じている（鎌田茂雄『現代人の仏教』講談社、一九九八年、一九四―一九五頁）。

（９）瑜伽はヨーガの音訳であり、自分の心と観察の対象を結びつけて、そこに心の統一をえることを指す。

（10）六波羅蜜のそれぞれの項目の解釈については小林『法華経大講座　二』三七九―三九三頁によった。

（11）五濁のそれぞれの解釈については小林一郎『法華経大講座　三』日新出版、一九六二年、一八七―一九〇頁によった。

（12）煩悩即菩提という語は、もともと菩提であるから向上をもとめなくてもよいという意味ではなく、教育の後天的介入、坐禅や修行という経験の介入による「悉有仏性」、「自性清浄心」の覚醒・開発を認めているのだという（峰島旭雄「第V部　仏教原理に立つ教育」〈持田栄一編『仏教と教育』日本評論社、一九七九年〉二一八頁）。

(13)　さまざまなあらわされ方がされるが、高崎直道『如来蔵思想〈講座大乗仏教六〉』（春秋社、一九八二年）三六頁を中心に引用した。同書二三頁や、高崎直道『如来蔵思想の形成――インド大乗仏教思想研究』（春秋社、一九七四年）四四頁に同様の内容について別のあらわされ方がされている。

(14)　高崎直道『如来蔵思想の形成――インド大乗仏教思想研究』六四頁。

(15)　Garbha の原義として、「内に何かをのみこむもの、とりこむもの」が考えられ、胎児を孕む容れ物としての「胎」がその具体的な意味であるという。これが転じて、ものの内部（他のものを容れる空間）、部屋（特に寝室）、寺の内陣（神像を安置するところ）、蕚（特に蓮華の）などの意でもちいられるという。胎を意味する一方で、その内なる「胎児」をも意味するという（同書五五頁）。

(16)　同書、六〇頁。

(17)　如来智の開発（浄化、解放）は如来の手助けによっておこなわれるという指摘や（同書六二頁）、仏はいわば産婆役で懐胎を教えとり上げるという指摘がある（高崎『如来蔵思想〈講座大乗仏教六〉』一〇頁）。誕生には如来の手助けが必要であるが、育てるのは衆生自身と加えて指摘されていることから も、育つためには自己の六波羅蜜の実践が必要であると考えてさしつかえないであろう。

(18)　再度ここに引用しておきたい。

「たとえばなえ萎んだ蓮華の、その花弁がまだ蔽いとなって離れないのに、如来の在す蕚は汚されていない、とひとりの男が天眼をもって見るとしよう。その人はその花弁を開いて、その中に如来の身を見出す。内なる如来は煩悩によって変化せず、彼はあまねき世間の如来となる。それと同じく私もすべての衆生の、その身体の中に安住する如来の身が、あたかも蓮華の花弁のような、幾千万の煩悩に蔽われているのを見る。そして私は煩悩の除去のため菩薩たちに常に法を説き、これらの衆生は仏になるはずと、如来になることを目ざして彼らの煩悩を除去する」〈高崎直道訳『大乗仏典　一二　如来蔵系経典』中央公論新社、二〇〇四年、一九頁〉

(19)「保育とは、みずからが仏智慧の仏性であることを自覚した保育者が、仏智慧の仏性をもっておりながら、いまだ仏智慧の仏性を自覚しないでいる幼児に、幼児自身が仏性を有していることを自覚させ〈幼児の段階でたちどころに自覚するわけではないが〉、仏智慧を顕わしたものになるよう導いてやることである」という指摘もなされている〈長尾章象「第Ⅱ部　仏教保育の幼児像」〈持田栄一編『仏教と教育』日本評論社〉一九七九年、五七頁〉。

第二部　「覚」と自己形成

第一章　『華厳経』における善財童子にみる自己形成観

第一節　『華厳経』における自然観

二〇〇六年に約六〇年ぶりに改正された新しい教育基本法に、教育の目標として「生命を尊び、自然を大切にし、環境の保全に寄与する態度を養うこと」が盛り込まれ、道徳的情操と自然理解の関わりがテーマとなっている。この目標にある態度を養う前提になりうる自然観のひとつとして、大乗仏教思想、とりわけ『華厳経』における自然観がある。日常的に意識することがなくても、わが国の文化の奥底に華厳経における自然観は生きているのである。(1)本章では、第一節で考察する『華厳経』における自然観と第二節で検討する自己形成観との関連性に着目する。第一節では具体的に『華厳経』「如来性起品」と、『華厳経』の思想を体系づける華厳教学に焦点をあてる。第二節では『華厳経』「入法界品」を中心に、『華厳経』における自然観にもとづく自己形成観について善財童子に学ぶ生き方という観点から論じる。『華厳経』は本来独立する諸々の経典を合わせたものであるため、「如来性起品」と「入法界品」とのあいだには一見つながりをみいだしにくいが、本章では「入法界品」をその自己形成観と捉えて、それが「如来性起品」に描かれる自然観に基礎づけられるという観点から考察してみたい。「入法界品」はすでに『大智度論』によっても知られていたといわれるように、『華厳経』の古層は明らかに瑜伽行派の論典に依拠していたという。(2)『華厳経』における自然観は宗派宗教的なものではなく、わが国の文化の奥底に根づくものであるため、道徳教育に馴染むものである。

『華厳経』の正式名称である『大方広仏華厳経』（*Buddhāvataṃsaka-nāma-mahāvaipulya-sūtra*）は、「仏の飾りと名づけられる広大な経」を意味する。(3) そこには、覚を開いた「釈尊（Gotama Buddha, 紀元前四六三―紀元前三八三）」自身の心の中の状態、すなわち「自内証」が描かれていることにより、経典の内容は文字上では理解が難しいとされる。(4) 華厳経の経主は「毘盧遮那（Vairocana, 輝くもの）」、すなわち「光明遍照」如来であり、わが国では聖武天皇（七〇一―七五六）の時代に奈良の東大寺に造られた大仏として知られる。光明遍照は、太陽の光線が万物を照らすように、広大無礙な知恵の光明をもつ如来の本質を象徴する名である。わが国においては奈良時代に隆盛を極めた『華厳経』であったが、平安時代に入ると衰微した。鎌倉時代には、明恵上人高弁（一一七三―一二三二）が『華厳経』の教えを密教と融合させて世間に広めた。(5)

（一）「如来性起品」における如来の出現の相

『華厳経』の「如来性起品」（*Tathāgatótpattisaṃbhavanirdeśa*）は六十巻本のうちの第三十二番目に、八十巻本のうちの第三十七番目に掲げられる。以下、高崎直道による「如来性起品」の邦訳によりながら、(6) そこに示される自然観を読み取ってみたい。「如来性起」とは「如来の性」の顕現を意味し、すなわち「仏性（buddha-dhātu）」の顕現を意味する。性が因の状態から果の状態になることである。この品の主題は、

「如来の生起・出現（tathāgatôtpattisaṃbhava）」の意義であり、そのことについて十相にわたって説く。(7)いい換えれば、あらゆる「衆生（sattva）」、すなわち生き物すべてに仏の性が顕現することが説かれる。以下、如来の出現の十相のうち、「如来性起品」の主題が簡潔に説かれている「『如来（tathāgata）』の心」（第四相）、「如来出現の原因」（第一相）、「如来の身」（第二相）、「如来の音声」（第三相）に焦点を絞り、そこに示される自然観について検討したい。(8)

① 「如来の心」（如来の出現の第四相）

「如来の心」（第四相）は、「如来蔵（tathāgatagarbha）」思想の中心的論書として位置づく『宝性論』（*Ratnagotravibhāga=mahāyānottaratantraśāstra*）にも引用される思想史上重要な箇所である。「如来たちは、心によっても想定されず、意によっても想定されず、認識によっても想定されない」、「如来の心の生起は、無量なる如来の知恵をもって理解さるべきである」と指摘され、(9)よく知られる第十の比喩は以下のように述べられる。(10)

「たとえば、ここに、三千大千世界と等量なる大画布（mahāpusta，経巻）があったとしよう。その大画布には、三千大千世界が順序どおり、完全に描かれている」

「さてまた、この三千大千世界ほどもある広さをもった同じ大画布が、極小なる一原子の粒子のなかに収められてしまう。そして、一原子の粒子と同じく、すべての極小なる原子の粒子のなかに、残りなく、一つ一つ、それと同様の大画布が一枚ずつはいっているのだ」

つづいて登場する「分別のある男」、すなわち如来をたとえたものが「その天眼をもって、上述のような大画布が、こんな極小なる原子の粒子のなかに収まっていても、衆生のだれひとりに対しても一向に役立っていないのを見る」。そこで彼は、「絶大な努力精進の力と勢いを生じて、（微細な金剛杵をもって、この極小なる原子の粒子を打ち砕き、）それらの大画布を、すべての世間のものたちの意のあるところに応じて役立たしめ」ることを考える。『華厳経』における自然観はこの「一粒子の中に三千大千世界が収められそのような粒子が数多く存在する」という描写に端的に示される。この真実を知らないのが衆生であり、他方でそれを知るのが如来である。この比喩の真意は次のように述べられる。

如来の知恵（tathāgatajñāna）もまた、すべての衆生の意識の流れのなかにあまねく浸透している。それらのすべての衆生の意識の流れは、如来の知恵の量と等しいけれども、その（各自のうちに浸透している）如来の知恵を、想念のむすぼれに縛られ、価値観の転倒した愚者たちは、知りもせず、理解もせず、まのあたり明らかにあらわしもせず、経験もしない。(11)

あらゆる生き物の中にはそれぞれ三千大千世界が収められ、それこそが「如来の知恵（＝心）」であることが示される。如来は、原子の粒子を打ち砕き、大画布をすべての世間の者たちに役立たせようとする。

すなわち、衆生の中にある如来の知恵を役立たせようとするが、衆生みずからは自身のもつ如来の知恵に気づいていないということが問題として指摘されている。

②「如来出現の原因」(如来の出現の第一相)

「如来出現の原因」と題しながらも、ここでは主に衆生における仏性の顕現の様子について、十の側面から説かれる。(12) 第一に、如来たちが唯ひとつの原因やひとつの条件によって出現するわけではない。第二に、如来たちが出現するときには「差別のない如来の家柄」という名の偉大な法の雲の雨が降る。第三に、この如来たちの偉大な法雲の降雨は、どこから来るわけでもなくどこへ行くわけでもない。第四に、「菩薩(bodhisattva)」たちは、彼らの浄化された知性の威力と勢いによって、如来の法雲からの雨を知ることができる。第五に、如来の出現という法の大雲からの降雨は一切の衆生たちのあらゆる燃えさかる煩悩を鎮火させ、善根の集積を引きおこし、煩悩と間違った見解のあらゆる種類を断じ除き、全知である法という宝をよく成就させ、日常の心と宗教的な願いとを区別する。第六に、如来の大慈悲の雨雲は一味であるが種々の法の雨を降らせるというように、教えにも無量の区別が成立する。第七に、如来の大慈悲にもとづく一味の雨雲は、衆生という器に種々差異があることを理由として種々にあらわれる。第八に、如来たちの知恵の光明も種々の光明となって出現する。第九に、汚れの付着しない知恵の光明は虚空のように依拠するものを必要とせず、すべての根源である。第十に、如来の出現の成立は、すべての輪廻の道にあるものたちを利益する。

以上、「如来出現の原因」に関して、如来の出現を降雨や光明にたとえながら十項目にわたって説いている。如来の出現の仕方は種々であるものの、その根源にはおなじ如来の雨雲があることが説かれている。衆生に如来が出現するとき、その仕方が種々になることに関して明確に述べている個所を以下に引用する。

あたかも（水は）空中にあって虚空から雨ふるときは一味であるが、土地の差異によって変化して種々多様となる。しかしながら水には分別もなく区別することもない。差異がいわれるのはそれらの本性に従うまでである。それと同様に法もまた一でもなく異でもなく、一味・寂静で判断もなくあれこれの分けへだてもない。しかも仏の法はその数無限にあらわれる。それは教化されるものたちの本性に従うまでである。(13)

この引用に示されるように、如来は出現する対象によってことなるあらわれ方をする。「虚空のように志を浄化せよ。判断・構想・表象作用のとらわれを除いて、虚空のように（分別を離れた）心をもってそこにはいるべし」と述べられるように、(14)心を清浄とするとき、あらゆるものが如来の出現であることを感じられるようになることが、ここに示唆される。

③「如来の身」（如来の出現の第三相）と「如来の音声」（如来の出現の第四相）

「如来の身」が無限に遍在することについて、十の側面から説かれる。(15)第一に、「如来の身」は虚空界のように遍在である。第二に、「如来の身」はあれこれの判断がなく種々に区別して考える戯論がない。第三に、「如来の身」は太陽のように「般若（prajñā）」の知恵の光明によって衆生を照らし、無知の闇を取り除くことによって利益する。第四に、如来の光線は平等に降り注ぐ。第五に、如来の知恵の身の日輪は衆生たちの身体に、悪の根を断ち未来の煩悩をおこす原因の残滓を除去することを通して利益する。第六に、すべての衆生が如来の身という月輪をみて、それぞれ自分のためにあらわれたと思い、その志に応じて法を聞き、その教化された道の段階に応じて解脱するように如来は姿をみせる。第七に、「如来の身」には分け隔てや多様な判断はない。第八に、如来はあらゆる輪廻の道にある衆生たちの煩悩の病いを治療するために、寿命の量を保持した。第九に、「如来の身」は、いかなるものに対しても分け隔てや多様な判断がないのにもかかわらず、輪廻のあらゆる道にある衆生たちの目的をよく得させる。第十に菩薩は真理の世界の平等性を理解することによって、一切の如来と身の飾りをひとつとすべきである。

以上、「如来の身」が日輪や月輪にたとえられ、種々のあらわれ方をするものとして説かれる。また「如来の音声」については、「心の傾け方に応じて、衆生を喜ばせるために、多種の雷鳴が鳴りひびく。（すなわち、）あるものには天鼓の音をした雷鳴が鳴り、あるものには天女の歌と楽器の音をした雷鳴が鳴り、［……］」というように、[16]ここでも「如来の音声」が身とおなじように種々の形をとってあらわれるが、その根源にさかのぼればひとつの如来であることが示される。

(二) 華厳教学における事事無礙の法界縁起

以上、『華厳経』「如来性起品」に示される自然観について検討してきた。次に、『華厳経』をより体系的に整理した華厳教学における自然観を検討してみたい。華厳教学では『華厳経』について、「事事無礙の法界縁起」の説にもとづいて菩薩行を説くものと捉える。華厳宗第四祖澄観（七三八―八三九）は、「四種法界」を集大成させており、この整理の仕方にしたがえば、『華厳経』における事事無礙の法界縁起という自然観を体系的に説明することができる。[17] 四種とは「事法界、理法界、理事無礙法界、事事無礙法界」であり、「事」とは現象面、すなわち異なった「差別（viśeṣa）」のある姿を意味し、「理」とは真理、すなわち衆生にはみえないけれども隠れている「平等（samatā）」を意味する。第一の「事法界」は、現象のみをみる自然観である。現象のみといっても、ただ物体のみを指すのでなく、精神や理念なども含めたものとしての世界として捉えられる。第二の「理法界」は、本体の世界、あるいは理法の世界をみる自然観である。このように捉えられる世界は「空性（śūnyatā）」そのものの世界であり、絶対否定の世界である。第三の「理事無礙法界」は、真理の世界と現象の世界とが相互に融け合い滞るところがないと捉える自然観であり、現実に存在しているものに真理が内在すると捉える。この世界は「如来性起品」において、如来が個々の衆生に出現すると説かれるときの、その個々の如来と衆生の関係性にみられる。第四の「事事無礙法界」が、華厳教学に特有の自然観であり、そこでは現象と本体を対立的に捉える必要がなく、われわれが経験しているあらゆる事実が融け合う世界である。それは「如来性起品」において、如来が個々の衆生に出現すると説かれるとき、如来が自己にあらわれるだけでなく、あらゆる衆生にあらわれるところに着目するときに成り立つ世界であろう。事法界においては対立が存在するのに対して、事事無礙法界において対立は存在しない。

ここで、華厳教学に特有の事事無礙法界という自然観に関する、鎌田茂雄と中村元（一九一二―一九九九）による具体的説明を引用しよう。鎌田によれば、「感謝の気持ちが動いたときに事事無礙法界がなりたつ。そういう気持ちが動かないとどこまでいっても事法界で、山はどこまでいっても山、川は川、人は人で、みんなつながらない。ところがひとたび山に対しても川に対しても愛着をもったり意志をもったりすると、山と人が一つになっていく、人と川も一つになっていく」と指摘し[18]、また「知性では理事無礙法界までしかわからない。事事無礙法界は情の領域であり、しかもそれは意志に深められた情の領域で、事事無礙法界の世界は意志的世界といってもいい」という[19]。さらには「悲が動いていかないといけない。悲が動くということは、ありとあらゆる存在のものが仏の光明を放っていなければいけないのである。山は山なりに山の光明を放ち、川は川なりに川の光明を放っている、そうするとその存在物はみな生きてくる。［……］ニヒリズムを超克して実存の歓喜に向かわないといけない」と論じ[20]、「感謝、情、悲」を鍵概念として事事無礙法界について説明している。ここでの悲とは仏教的術語としての「悲（karuṇā）」、すなわち「哀憐、同情、優しさ、情け」といった意味のものである。

中村元は、「一見したところでは個別的に異なっている事と事、つまり事物と事物は決して無関係のものではない。目に見えないところで結ばれている。経験世界では別々だが、真理の世界から見るとお互いに寄り合って起こっている、言い換えるとありとあらゆるものがお互いに原因となり結果となり、連鎖の網で結ばれている」と指摘しており、ここからは事事無礙法界における「縁起（pratītyasamutpāda）」の側面に着目した自然観が明らかになる。[21] また、「私たちはじつは目に見えないところで、無限の昔から祖先の恩恵を受けている。無限の過去を背負っているのである。突然に出てきたものではない。また、現在から未来が生まれる。現在生きている人は、無限の過去を背負い、また無限の未来の可能性をはらみ、無限をふくむ。そしてそこにこだわりがない」、[22] あるいは「真理の世界からみると、ありとあらゆるものがお互いに原因となり結果となり、連鎖の網で結ばれて存在している、その道理を体得すると、他人が他人でなくなり、人々のために自分が生きていこう、ということになります」というように、具体的に縁起について時間的側面からまた空間的側面から考察している。[23]

以上に検討してきたように、「如来性起品」や華厳教学に示される自然観の特徴は、第一にあらゆるものに仏性を認める自然観であること、第二にその根源をひとつの如来として捉える見方であること、第三にこれらを知るのが事事無礙法界を知るということであり、このことは如来によってのみ知られうるものとして捉えられるものであると整理できる。

第二節　『華厳経』における自己形成観――善財童子の修道をそのモデルとして

『華厳経』「入法界品」（*Gaṇḍavyūha*）は『華厳経』の後半に位置づき、「法界（dharma-dhātu）」、すなわち真理の世界に入ることに関して説くものである。「入法界品」は善財童子を主人公とする物語形式をとり、われわれが現実のこの世界を華厳の世界とみることができるようになるための方法が説かれる。本節では「入法界品」について、第一節において考察してきた『華厳経』における自然観を得るための自己形成観と捉える。

「入法界品」の物語は、インドネシアのジャワ島のボロブドゥール遺跡および回廊に絵として描かれており、わが国においては、江戸時代に設けられた「東海道五十三次」がこの物語にもとづくものとして知られ、安藤広重（一七九七―一八五八）の浮世絵として有名である。物語の主人公である善財童子は、生まれたときにその家に宝の器やおいしい食べ物が充ち満ちたことによって善財と名づけられたとされ、その家とはすなわち如来の家系を意味し、如来蔵思想において、あらゆる衆生はこの家系のものとして捉えられる。

善財童子は五十四人の善知識と出会い、彼ら彼女らの話を聞きながら修道をすすめ、ついに願っていた「普賢（Samantabhadra）」菩薩に出会うことができる。彼が出会う善知識は、「菩薩、神々、修行僧、国王、資産家、遊女、少年・少女、隷民」など種々であり、内約半数の二十人が女性である。善財童子の修道は、誕生から死までに種々の人々に出会って相互に影響しながら生活をしていくわれわれの人生に対応させてみるとき、より自己形成観として捉えやすい。

「入法界品」の物語の詳細は以下の通りである。(24)

善財童子はある日、「文殊師利（Mañjuśrī）」菩薩に対して、「我に道を示したまえ。我に解脱門を示したまえ。我に菩提の道を示したまえ。我がためにその道を説きたまえ」と嘆願した。これは「菩提心(bodhicitta)」をおこすということ、すなわち「発心」を意味する。文殊師利菩薩は次のように答えた。

あなたは普賢の道を歩かねばならない。[……]まず善知識に会っていかなければならない。途中で疲れたの、いやになったなどといってはならない。ときには思いがけないことを善知識はいうだろうけれど、その教えさとすことに対してしたがわなければならない。それは方便(真実の道に入らせる方法)も使うことがあるかもしれないけれど、その方便が誤りだなどといいだしてはならない。

文殊師利菩薩のこのことばを聞いた善財童子は、善知識に会うために旅をはじめる。彼はそこであらゆる層や階級の人々に出会い様々なことを教えられる。たとえば、「果たして、望んでいるからそうなると考えてはいけないんだ。なぜならば、田畑に向かってただ実があるように祈っても、実際に種子をまかなければ芽がでないのと同じさ」というように、善根の種子をまき続けることの意義を教えられたり、「一切の仏の姿は影のようなもの、心はちょうど水のようなものだと知っておかなくてはいけない。このようにして、心を清浄な水のようにすれば、そこに仏の影がくっきりと映る」というように、清浄な心を保つ意義を教えられたりする。善財童子は会った人から、次に会うべき人を指示され、指示どおりに人に会いながらあらゆる人から学んでゆく。

そしてついに五十四番目に普賢菩薩に出会うことができ、普賢菩薩から次のように告げられる。

眼や耳、鼻、舌、体、手足の一つ一つが、仏にかなった行為ができるようにと、一生懸命に道を求めてきた。［……］ほんのわずかな間さえ、怒ったこともなければ、怠ったこともない。迷惑の心も起こさなかったし、仏のいわれるように、絶対に自分一人のために生きたいなどと考えもしなかった。ただ、なんとかしてこの一生を他のためにも生きられないものかと、常に思い続けて、この神通力を得た。

普賢菩薩のこのことばは、まさに普賢菩薩の体験であり彼の発言ではあるものの、善財童子自身があらゆる人から学ぶ旅を続けてきたことによって知り得、納得し得た覚の内容とも読み取ることができるであろう。

中村元によれば、「入法界品」は「道を求める心の前には、階級や職業の区別もない、宗教の違いも問わない」という立場にあり、その趣意は「いかなる人からでも教えが得られるということ」である。[25] 善財童子が成就した、あらゆるものから学ぶという生き方の中から、われわれは学ぶことがあるといえよう。

第三節　事事無礙法界の自然観に裏づけられた善財童子の自己形成

第一節で考察した「如来性起品」には『華厳経』における自然観が示されており、それは華厳教学において端的に事事無礙法界として示されるものであった。他方、おなじく『華厳経』に掲げられる「入法界品」には善財童子を主人公とする物語が描かれており、それはあらゆるものから学びあらゆるものを尊重する心によって修道をすすめる自己形成観として捉えられる物語であった。「如来性起品」には、自己が出会う個々の衆生がすべて如来の出現であることが示唆されており、心が清浄になるとき、われわれの眼前には事事無礙法界があらわれることが示される。出会うものすべてが如来の出現であるとみられる世界においては、対立や抗争はおきない。事事無礙法界という自然観をもつとき、われわれは善財童子のように積極的にあらゆるものから学ぶことができる。この生き方はそのまま自己の修道につながり、この生き方を貫くときに眼前に普賢菩薩の生き方が明瞭にあらわれる。あらゆるものから学ぶ善財童子の姿勢はあらゆるものを尊重する姿勢である。

道徳教育として生命や自然の尊重、環境の保全の大切さについて重視される今日において、『華厳経』における自然観に裏づけられた自己形成観は、それらを人間の義務として捉えるのではなく、心の中から湧き起こるものとして捉える可能性を教えてくれる。たとえば中学校の学習指導要領における道徳の内容として、「それぞれの個性や立場を尊重し、いろいろなものの見方や考え方があることを理解して、寛容の心をもち謙虚に他に学ぶ」こと、「多くの人の善意や支えにより、日々の生活や現在の自分があることに感謝し、それに応える」こと、さらに「生命の尊さを理解し、かけがえのない自他の生命を尊重する」ことが掲げられている。(26) これらの内容はすべて、『華厳経』における自然観に裏づけられるとき、自己形成観によって無理のないかたちで、内面から湧きあがるものとして実践できるものと捉えられるだろう。

『華厳経』における自然観に裏づけられた自己形成観について教師や親を含めた大人たちが知るという機会が得られれば、それは道徳教育のさらなる深化の一助となるであろう。

註

(1) 仏教学者の鎌田茂雄（一九二七—二〇〇一）によれば、「野に咲く一輪のスミレの花の中に大いなる自然の生命を感得すること」や華道や茶道の理念は、『華厳経』における自然観である（鎌田茂雄『華厳の思想』講談社、一九八三年、二三頁）。

(2) 袴谷憲昭「Ⅱ　瑜伽行派の文献」（高崎直道編『唯識思想』春秋社、一九八二年）五〇頁。

(3) 「華厳」の「厳」は「美しく飾る」という意味をもち、「華厳」とは「蓮華の荘厳」を意味する。華厳経には四十巻本（貞元経。般若〈Prajñā〉による七九五—七九八年の訳。「入法界品」のみ訳出したもの）と、六十巻本（旧訳華厳経。東晋の仏駄跋陀羅〈Buddhabhadra〉による四一八—四二〇年の訳。概論書には法蔵〈六四三—七一二〉の『探玄記』がある）、および八十巻本（新訳華厳経。唐の実叉難陀〈Śikṣānanda〉による紀元六九五—六九九年の訳。概論書には澄観の『華厳経疏』、『随疏演義鈔』がある）がある。

(4) 釈尊は、覚を開いて二十七日（十四日）目にインドのマガダ国にある阿蘭若法菩提場で自内証をはじめて説いたといわれる。

(5) 明恵上人は華厳密教の祖である。「明恵上人遺訓」として有名なものに、「人ハ阿留辺幾夜宇和ト云七文字ヲ持ツベキナリ」（人間にはそのあるべきようがある）がある。華厳宗においては、明恵上人の高山寺派は傍系とされ、東大寺派が正統として扱われる（註（1）に同じ、二七二—二七三頁）。

(6) 高崎直道『大乗仏典　第十二巻』中央公論社、一九四五年。以下、引用箇所の頁数を本文中の

（　）内に記す。
(7) 同書、四二〇頁。
(8) 十相は順に、如来出現の原因（第一相）、如来の身（第二相）、如来の音声（第三相）、如来の心（第四相）、仏の知恵の対象（第五相）、如来の活動領域（第六相）、如来の明らかなさとり（第七相）、如来の転法輪（第八相）、如来の偉大なる死（第九相）、如来の見聞供養によって善根を生むこと（第十相）からなる。
(9) 註（6）に同じ、二一〇頁。
(10) 第十の比喩については、同書、二二四―二二五頁を参照した。
(11) 同書、二二五―二二六頁。
(12) この十の側面からの説明については、同書、一四二―一五六頁を参照した。
(13) 同書、一六三頁。
(14) 同書、一六〇頁。
(15) この十の側面からの説明については、同書、一六六―一八一頁を参照した。
(16) 同書、一九九頁。
(17) 澄観の『華厳経疏』と凝然（一二四〇―一三二一）の『法界義鏡』に則った四種法界についての説明として、鎌田茂雄の「第一部　存在論　第三章　法界縁起と存在論」（長尾雅人、中村元監修、三枝充悳編集『講座仏教思想　第一巻（存在論・時間論）』理想社、一九七四年）を参照する。
(18) 鎌田茂雄『華厳の思想』講談社、一九八三年、二〇九―二一〇頁。
(19) 同書、二一四頁。
(20) 同書、一八〇―一八一頁。
(21) 中村元『仏典をよむ四　大乗の教え（下）』岩波書店、二〇〇一年、九二―九三頁。

(22) 中村元『「華厳経」「楞伽経」』東京書籍、二〇〇三年、一三〇頁。
(23) 同書、二七頁。
(24) 松原哲明の『仏教を読む② 宇宙観を開く 華厳経』(集英社、一九八四年)を主に参照する。
(25) 註(22)に同じ、二四、八七頁。
(26) 文部科学省「中学校学習指導要領 第三章 道徳」二〇〇八年三月告示。

第二章　「慈悲」からみた自己形成――受けとる慈悲から与える慈悲へ

第一節　久松による人間の四分類

禅仏教について論じる久松真一（一八八九―一九八〇）は人間を次の四つに分類する。第一に楽観主義の人間、第二に虚無主義の人間、第三に回心した人間、および第四に「覚」の人間である。久松が理想とするのはいうまでもなく第四の覚の人間である。第一の人間は、相対的否定や肯定を通して、未来においては絶対肯定に達しようと欲する人間であり、このような人間は未来がとにかく肯定の方向にすすむと考えている。たとえ現在において入り交ざった全体があるとしても、究極は肯定へとすすみ、否定も結局は肯定のための契機となると捉える。近代における文化や科学の発展に対する信念は歴史を肯定することを志向するという点で、このような人間にもとづく。[1]第二の人間は、人生において結局は絶対に否定されるより他はないと考える人間である。このような人間は目的を喪失し、虚無主義的にならざるを得ない。[2]第一の人間が楽観主義であるのに対して第二の人間は虚無主義であり、両者はおなじ次元で逆の方向性をもつ立場である。第三の人間は、第二の人間のような絶対否定をとおりながらも否定に終わることなくそこから蘇る。すなわち、絶対否定から絶対肯定へという蘇りにもとづく人間である。その蘇りは他力的であり、神や仏、あるいは超越的な存在というように、自己を超えた存在によって成立する。したがって、第三の人間は宗教的人間である。(3) この蘇りは回心ともよばれる。超越的な存在によって人間が蘇ることは、禅仏教の特徴にとどまるわけではなく、さまざまな宗教において認められることである。しかし久松によれば、この種の蘇りは他律的なものであり、自律的ではない点で不十分なものである。

久松による第一から第三の人間の位置づけを整理すると、第一と第二の人間はおなじ次元にありながらも逆の立場にある。そして第二の虚無主義を乗り越える立場が第三の人間の立場である。この人間の立場は、楽観主義にも虚無主義にも属さず、いうなれば楽観主義と虚無主義の対立を止揚したところにある。三角形としてイメージするならば、底辺の二点は第一と第二の人間に相当し、第三の人間はその頂点にあたる。第三の人間は、自己の執着をもたないため精神的に救われているといえよう。しかし、未だ不十分な段階にあるというのが久松の見解である。さらに第三の人間を乗り越えた次元に、第四の人間の立場がある。

第四の人間は、自己をいったん否定して蘇るという点では第三の人間と共通している。しかし両者はその蘇りの仕方を異とする。第四の人間は自律的に蘇る。第四の人間における否定からの蘇りについては、「神の方からいえば絶対肯定的であるということが、人間の側よりいえば絶対否定的であるということとなり、その絶対否定的であることが単に否定に止まらず、同時に肯定的となるというふうな関係」と捉え、否定が同時に肯定であるということはすなわち、絶対否定そのものによってその否定されるものに内在するものがあらわれでることだと指摘する。[4] ここでの内在するものとは仏教思想における「仏性（buddha-dhātu）」である。

　第三の人間は、自己とは異なる超越的な存在によって蘇るため、いったん否定した自己は否定されたままであり、蘇った自己はすべてを超越者にゆだねる自己となる。他方で第四の人間は、いったん否定した自己の中から仏性があらわれでるというかたちで蘇りを果たすため、蘇った自己は、否定した自己に内在していた超越者の性格や特徴をもつ自己へと変革する。久松によれば、第四の人間こそ仏教的人間の根本的なあり方である。[5] 第四の人間は、楽観主義や虚無主義を乗り越え、自己の執着を捨てることにとどまらず、超越的な存在のはたらきをも備える自己である。

　以上のように人間の特徴について四分類した久松は、第一の人間を近世的なヒューマニスティックな人間として、第二の人間をニヒリスティックな人間として、第三の人間を中世的なセイスティック（有神論的）な人間として捉えた。[6] 第四の人間は覚の人間であり、物、心、あるいは、超越的な存在にも繋縛されることがなく、空間的には無辺に世界を形成し、時間的には無限に歴史を創造し、絶対主体の自覚をもつ。[7] 次の論述は、久松が第四の人間を理想と捉えることを端的に示している。

　　現代のわれわれは、中世的な神律性や他律性を脱却し、人間の自律性に目覚めて、驚嘆すべき近代世界を創造しつつある近代のヒューマニスティックな人間像のオプティミズムを切開し、ニヒリスティックな人間像の深刻なるペシミスティックなコンプレックスを捨象し、コンプレックスよりおこ

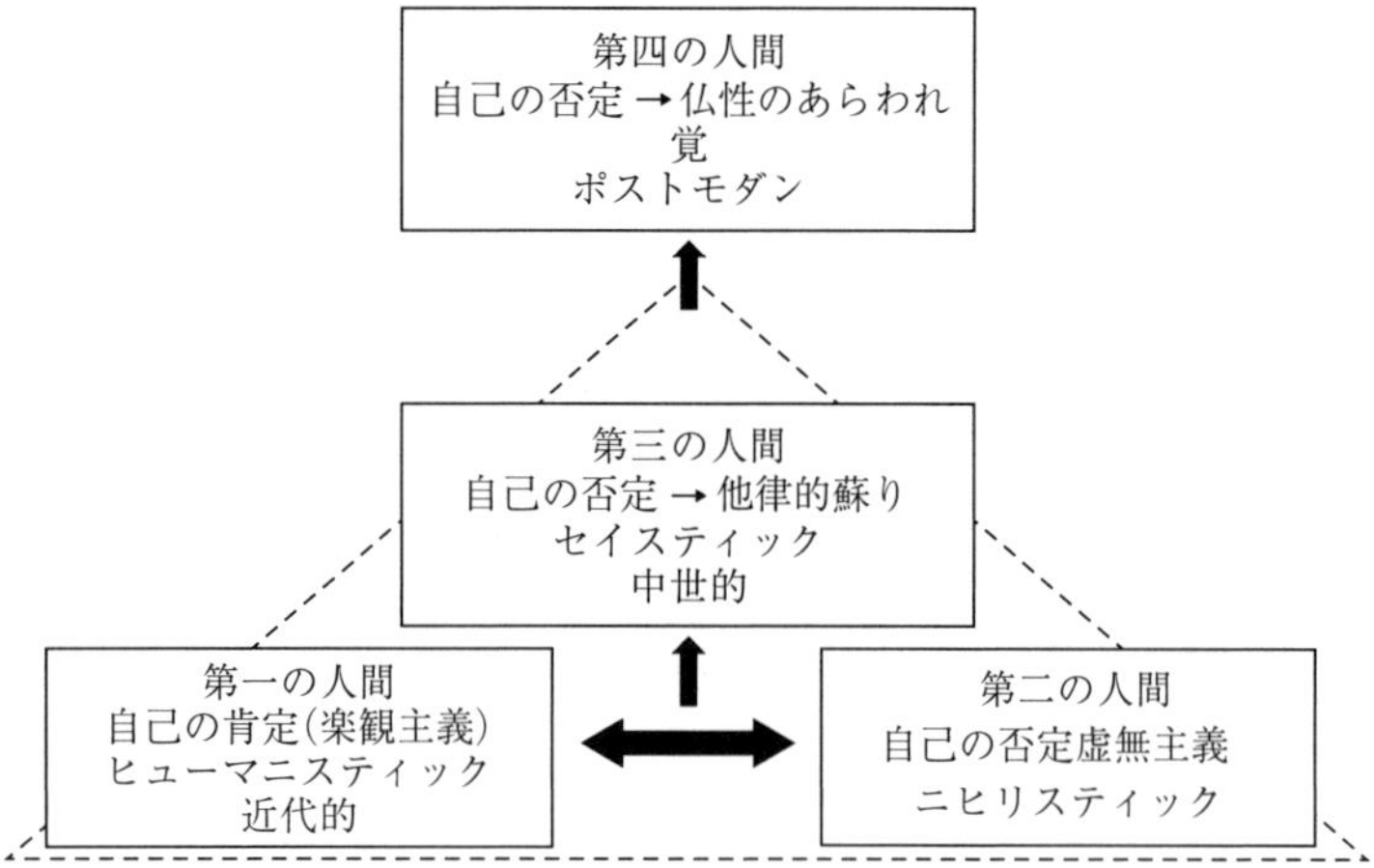

図１　久松真一による人間の四分類

るセイスティックな依他的人間像の前近代的他律性を離脱して、絶対自律的なさとりの人間像に目覚めなければならない時点に来ている。[8]

ここでは、第四の人間は第一から第三の人間の弱点を克服するものとして捉えられる。楽観主義を切開し虚無主義を捨揚し他律性を離脱することが人間の課題であり、それが「後近代―Post-modern―への活路」であるとしている。第四の覚の人間は、体が覚であり、その体のはたらきをみずからの内部からおこす。[9] 体を覚としてその体のはたらきをもつ覚の人間とはすなわち、自己自身が超越的存在であり超越的存在のはたらきをもつ自己である。

久松による人間の四分類について図１に整理しよう。第三の人間と第四の人間は両者とも宗教的人間であるが、両者のあいだには特筆すべき相違がある。前者においては自己が超越的存在によって救われるのと対比的に、後者においては自己自身が覚者となって世界にはたらいていくという世界観が成り立つのである。すなわち、前者は超越的存在を自己の外部に想定するが、後者は超越的存在を自己の内部に想定する。

　では具体的に、第三と第四の人間の生き方はどのように異なるのか。第三の人間から第四の人間へと変革を果たすには何がもとめられるのか。本章では仏教における「慈悲」の概念に着目し、つづいて『法華経』の中から覚の人間のはたらきについて論じる箇所、また覚の人間にあらゆる人がなるという可能性をもっていることを論じる箇所を取り上げ検討することによって、久松が第四の人間として掲げた自律的蘇りを果たす人間の具体像に補足的説明を与えてみたい。

第二節　共同体における慈悲・愛憎の次元を超える慈悲

「衆生を愛念して楽を与えるを慈、衆生を愍傷して苦を抜くを悲といい、あるいは無利益を除くを慈、利楽を与えるを悲という」というように、仏教において慈悲という術語は衆生、すなわちあらゆる生き物に対する仏のはたらきを意味する概念である。[10] 初期仏教が個人の人格的向上に関心を示してきたのに対して、その後の大乗仏教（Mahāyāna Buddhism）では大きい乗物という名の示すとおり、他者に対する慈悲や、利他行の実践の重要性を説く経典が多い。大乗仏教は在家出家を問わずして自分の覚をあとまわしにしてでも衆生の救済に努めねばならないという思想を生みだした。

　初期の仏教において、「慈悲」の「慈」と「悲」は別々のものとして考察されている。中村元（一九一二

—一九九九）によれば、「慈」はパーリ語の mettā（梵語の maitrī あるいは maitra）の訳であり、友人や親しい者を意味する maitra から派生した語である。[11] 慈とはこのように真実の友情や純粋な親愛の念を意味する語であった。この概念が生まれる背景には、仏教学者の増谷文雄（一九〇二—一九八七）が指摘するように、仏教がおこったインドにおける都市の誕生ということがある。それまでの血縁に結ばれた人々による生活から、血縁に限定されずに生活することを人々は余儀なくされ、そこには新たに、血縁を超えた人間と人間とが心を結びつける方法が必要となった。ここにあらわれた観念こそが「慈」であり、僧の生活圏である「僧団（saṃgha, サンガ）」においてもこの観念が重要となった。[12]「慈悲」の「悲」はパーリ語 karuṇā（梵語も同じく karuṇā）の訳であり、インドにおける一般的な文献においては「哀憐、同情、やさしさ、あわれみ、なさけ」を意味するものとして使用された。[13]「慈悲」の「悲」は「慈」よりも後代になってあらわれたことばである。仏教がインドから中国に移入すると、「慈」と「悲」の観念は合成語として結びつけて考えられるようになったため、中国を経由して仏教を取り入れたわが国においても、一般的に「慈悲」は熟語としてひとつのまとまった観念を表示するものと捉えられる。[14] わが国では「慈悲」ということばをつかうとき、あわれみやいつくしみという意味をそこに担わせることが一般的である。

以上の慈悲の観念は共同体における徳として必要とされたものであり、神格化されたブッダがもつものとしては捉えられていなかった。その後、仏教思想における慈悲は、共同体においてはたらく慈悲というよりはむしろ超越的存在から与えられる慈悲を説くものとして捉えられるようになる。[15] その要因として慈悲の実践の難しさがある。このことを理由として慈悲の観念が世俗的なものから超越者がもつものへと変化したことについて中村は次のように指摘している。

> 凡夫はどうしても覚者である仏の力にたよろうとする。そこで慈悲は仏の側におかれ、仏が人々を救うために慈悲を垂れるのであるとされた。かくして慈悲は人と人との関係から人に対する仏のはたらきに移され、人間はただこの慈悲にたいして受動的であると解されるようになる。(16)

ここでの受動的な人間とは久松の分類による第三の人間に対応するということができるだろう。仏の慈悲を受ける自己は、自己の執着からは解放され、自己を仏に一任するため、そこには自己の苦痛はない。しかしそのような自己は、覚の自己として慈悲のはたらきをもつということはない。

それでは、覚の自己が慈悲のはたらきをもつということとはどのようなことであろうか。まず、「慈悲」と「愛」との関係性について論じることから出発したい。

中村によれば、愛の純粋化されたものが慈悲である。(17) 初期仏典においても慈悲と愛とは区別されて記されている。仏教において、愛と訳される観念は積極的な価値をもつものとして論じられることは少ない。仏教において一般的に愛は厭うべき執着として「苦（duḥkha）」のもととなるものと捉えられる。たとえば「十二支縁起（dvādaśa-aṅga）」における十二項目の内の一項目である「愛（taṇhā）」は、人間の無明によって引きおこされ苦を招くものとされる。

一般的に仏教では愛を否定するが、しかし中村が指摘するように、渇愛による苦悩の中にこそ「悲」が生まれるという見方もある。「自己の呻き（karuṇā）を知る者は、他人の苦悩にも共感できるし、苦悩する者にたいして同情をもち、親近感・友情をもつようになる」という見方である。[18] 中村が愛によって生まれる自己の苦悩を基礎として慈悲を説くのは、逆説的でありながらも、苦の人間を即非的に覚へと転換する考え方に裏打ちされている点で興味深いものである。

また、以下に示すように、中村によれば、慈悲は愛憎を超越するものである。[19]

> われわれが或る一人の他人を極度に憎悪しているとしよう、その限りにおいてわれわれの憎悪している他人は、われと対立している［……］しかしその他人の憎悪さるべき存在が空観によって否定され、眼に見えぬ本来の人格がこのわれと向き合うことになるならば、そこに対立もなく、憎悪の感も消失するであろう。ここに愛憎を越えた慈悲が実現される。[20]

愛と憎悪が対立する次元を「空（śūnya）」の観点から否定し超越するということによって、他者における本来の人格とむかい合うことが可能となる。すなわち、このような自己においては、その眼を曇らせる何の偏った視点も存在しない。自己は我執から解放されているため、自己の利害をもって他者をみるということをしない。

愛と憎悪は表裏一体のものであり、愛が憎悪へ、あるいは憎悪が愛へと移行することがありうるが、他方で慈悲は憎悪とは別の次元にあるもので、憎悪に変化するということがない。ではいかにすれば愛と憎悪の次元ではなく、慈悲の次元で生きられるかということについて、増谷文雄は以下のように論じる。

人は高きに登ったとき、はじめて、ひろい世間を見渡すことができる。我執にとらわれ、我見に沈没しているかぎりは、なんにも見えない。法に随って行じ、自己をよく確立し得たとき、人ははじめて、生きとし生ける者にたいして、すぐれた人間関係を持することができる。それを一つの徳目をもって表現するならば「慈」(mettā) である。[21]

慈悲をもつ生き方にいたる方法としてここで着目すべきことは「我執からの解放」という自己の変革である。それは増谷によって、高きに登ることによる世界観の変化として捉えられた。さらに増谷は「慈」の特徴について、「人間の悲しい重荷を担いであるくわたしとおなじ人間なのだ」という思いであるとする。[22]

以上のように、初期の仏教においては、慈悲は今でこそ知られるような「慈悲」という熟語ではなく、「慈」と「悲」は別々の観念として出発し、共同生活において要求されるものであった。さらに中村によれば、慈悲とは愛憎を超越した、愛の純粋化されたものであり、増谷によれば慈悲は我執を取りさってこそ得られるものであった。覚の人間の一側面として、このような慈悲をもつということがいえよう。

第三節　『法華経』にみる覚の人間

初期仏教が勢力を保っていたインドでは、僧院に籠って自己の修行に勤しんでいた僧侶たちは、実社会に活きる仏教への変革の要求を突きつけられた。それが大乗仏教のおこりであり、自己の「智慧（prajñā）」の向上を優先的にめざすそれまでの仏教とは対比的に、慈悲を強調するものであった。慈悲を重視する大乗経典の中でも『法華経』（*Saddharmapuṇḍarīkasūtra*）においては、仏や菩薩のはたらきが比喩的にさまざまに説明されている。『法華経』は聖徳太子（五七四―六二二）の『三経義疏』に取りあげられる経のひとつである。『法華経』、『勝鬘経』（*Śrīmālādevīsiṃhanādasūtra*）、『維摩経』（*Vimalakīrtinirdeśa*）の三経は『三経義疏』として解釈されているということもあり、わが国で歴史的によく知られる。『法華経』についてはその後、天台大師智顗（五三八―五九七）が天台宗の教義体系を確立する際にも重要視しており、[23]天台宗を母胎とする仏教が多く派生したわが国においては、大きな影響力をもつにいたった。[24]『法華経』には現存する三つの漢訳があり、なかでも鳩摩羅什（三五〇―四〇九）によって四〇六年に漢訳された『妙法蓮華経』七巻に関する研究が多い。[25]『法華経』は一般的に二十八品によって成立する経とされ、天台大師智顗の流れを汲む解釈においては、前半の十四品である「迹門」と後半の十四品である「本門」がそれぞれ「方便」と「真実」とされ、後半が重要視される。すなわち、前半が真実にいたるための手段、後半が『法華経』全体の主題である久遠の仏の思想を説くものと解釈される。

(一)仏のはたらきにおける平等性、多様性、他者に対する尊重の精神

第一に『法華経』「薬草喩品第五」における「三草二木の譬喩」を取りあげる。この中に読み取ることができる内容は第一に、あらゆるものに対しておなじ量の慈悲が注がれているということ、第二に、それを受けとる側の「機根(教えを聞いて修行し得る衆生の能力・素質)」によってその吸収量は異なるということである。以下にその該当箇所を引用する。

たとえば、カーシャパよ、雲が下界から立ち昇って大地をおおいつつ、すべてのものを包むようなものである。その大きな雲は、水を一杯たたえ、稲妻の花冠をつけ、(雷)音を轟かせながら、すべての生命あるものを喜ばせるであろう。(その雲は)太陽の光をさえぎって、あたり一円を涼しくし、手の届くほどの(低い)ところにあって、いたるところにあまねく雨を降らせるであろう。それが一様に降らせる水の量は、少なからざるものであり、それをあまねくそそぎこみながら、この大地を飽満させるであろう。[……]雨から降ってこの地上にあるかの水は、同一の味をもつ。それを草や灌木などは能力に応じ、場所に応じて吸い上げる。[……]それらにはそれぞれにふさわしい境遇があり、それぞれにふさわしい種子があって、彼らはそれぞれの力量に応じ、それぞれ異なった生長と繁殖を遂げる。しかも、降った水は同じ味のものであるのに。(26)

「降った水は同じ味のものであるのに」、「それぞれにふさわしい境遇があり、それぞれにふさわしい種子があって、彼らはそれぞれの力量に応じ、それぞれ異なった生長と繁殖を遂げる」という、普段見過ごしてしまいそうな自然現象の真理を、ここでは明快に捉えている。

『法華経』の中からは、仏から与えられる慈悲が平等なものであることが読み取れると同時に、その慈悲の具体的内容についても読み取ることができる。第二に挙げたいのは、『法華経』「観世音菩薩普門品第二十五」における、「観世音（Avalokiteśvara）菩薩」のはたらきである。観世音には、世間における苦しむ衆生の声を聴いて救うという意味があり、普門には、すべての方向にひらく門から衆生を救うという意味があることからもわかるように、あらゆる衆生をさまざまなかたちで救っていくことを主旨として描かれている。(27)「たとえ邪悪な心の持ち主が（ある人を）殺害しようとして火の穴に投げ落としたとしても、（その人が）観世音を憶念すれば、あたかも水がそそぎこまれたかのように火は消える」というような事例が、(28)十項目以上にわたって説かれる。事例は多岐にわたるものの、すべての項目に共通な点は、観世音菩薩の慈悲が、衆生の苦しみを拭い去り安心の境界へとわたらせるものであるということである。観世音菩薩は、ときには仏として、ときには菩薩として、またときには将軍のかたちをとりながら衆生に慈悲を与えるという。(29)このことは、日常生活において巡り会う人や巡り合うことが観世音菩薩の化身であるという示唆をわれわれに与える。もっとも、一見好ましくないものであっても、それが実はありがたいものであったということは往々にしてある。「死や苦しみや災難に際し、［……］保護者となり、避難所となり、最後のよりどころとなる」というはたらきを観世音菩薩はもつのである。(30)

第三に、『法華経』「常不軽菩薩品第十九」から、修行者が自己のはたらきとしてもつ慈悲のモデルとなるであろう常不軽菩薩のおこないに関する箇所を引用してみたい。

その菩薩大士は、比丘でありながら、講説もせず、読詠もしない。ただ、だれを見ても、たとえ遠くにいる人でも、すべて近づいて右のように告げるだけである。比丘にせよ比丘尼にせよ、信男にせよ信女にせよ、だれにでも近づいてこういう。「私はあなたがたを軽蔑いたしません。あなたがたは軽蔑されません。それはどうしてでしょうか。あなたがたはすべて、菩薩としての修行を行ないなさい。そうすれば、将来、正しいさとりを得た尊敬さるべき如来となるからであります」〔……〕その菩薩大士は、そのとき、比丘にせよ比丘尼にせよ、だれでも右のように告げるのである。（告げられたものは）ほとんどすべて、彼にたいして腹を立て、悪意をいだき、不信感をいだき、非難し、侮辱する。「どうしてこの比丘は聞かれもしないのに、軽蔑の心をもたないなどとわれわれに吹聴するのであろう。この上ない正しい菩提を得るであろうと、ほんとうでもなく、望んでもいない予言をわれわれに与えるなどとは、（われわれに）自身を軽蔑させるものである」と。〔……〕その菩薩大士がこのように非難され、侮辱されるうちに、多くの年月がたつが、彼はだれにたいしても腹を立てず、悪意を起こさない。〔……〕思いあがった比丘・比丘尼、信男、信女たちが、彼に常不軽という名を与えたのである。[31]

常不軽菩薩は、ついに上記の「比丘、比丘尼、信男、信女」たちをも含めて、「多くの生命あるものたちすべてを、この上ない正しい菩提に導き入れた」。[32] 常不軽菩薩はあらゆる他者の仏性を礼拝し尊重することによって、ついに他者をも仏の境地へみちびいたとされる。

(二) 自己が仏になることの可能性

『法華経』は以上のように、仏や菩薩のはたらきについて比喩的に、あるいは具体的に示しながら、他方であらゆるものが仏になることができるという可能性を示すことをも忘れていない。『法華経』「信解品第四」における「長者窮子の譬喩」と、「五百弟子授記品第八」における「衣裏宝珠の譬喩」、さらに「如来寿量品第十六」における「良医治子の譬喩」はいずれも、あらゆるものに仏性があることを示す譬喩である。[33]

「長者窮子の譬喩」は次のような物語である。

実際は富豪の息子のある青年は、そのことを知らず、各地を放浪しながらお金のあてもなく職をもとめている。その青年はあるとき、彼の父親の国に到達し、父親のもとではたらくことになるが、自分の父であるということに気づいていない。読みすすめるうち、読者には父が仏であり、青年が凡夫であることがわかってくる。凡夫とはすなわち苦しむ衆生である。自分の雇い主が実の父親であることに気づかない放浪青年に対して、父親の側は自分の息子であることを知っており、息子がそれに気づき成長するまで見守りながら雇うことにする。

息子が自分を父親の子であると気づかないということは、凡夫が自身の仏性に気づいていないことを示している。息子は簡単な仕事からはじめながらも、熱心に仕事に励み、ついには一人前の仕事ができるようになる。時をみはからっていた父親はそこでついに、その青年が自分の実の息子であることを周囲に知らせ、彼に自分の財産を相続させたという話である。息子が次第に責任ある仕事を任されて成長し、ついに財産を相続することができたということは、凡夫が修行するにつれて、難行にはげみながら、ついには仏の境地にいたることを示唆している。

また「衣裏宝珠の譬喩」は次のような物語である。

親友の家に一泊させてもらったある男は、翌朝、親友が親切心から衣の裏に縫い込んでくれた宝珠に気づかないまま友人宅をあとにする。親友は先にでかける用事があったため、朝早く家をでたが、宿泊した男は前の晩に酒を飲み過ぎたため酔って熟睡しており、親友が家をでたのにまったく気がつかなかったのである。親友のあとにその宅をでたその男は、貧窮のため各地で仕事をもとめる。毎日、生きるためにぎりぎりの賃金しかもらえない仕事しかできなかったその男は、あるとき、以前のその親友に偶然に出会った。男は親友から、そのように輝いている宝珠を衣の裏に縫いつけてあるにもかかわらず、なぜあなたはこんなにも貧窮した日暮しをしているのかと聞かれ、そこではじめて自分のもつ宝珠の存在に気がついた。この話に登場する主人公の男は凡夫、その親友は仏、宝珠は仏性をあらわしている。

そして「良医治子の譬喩」は次のような物語である。

ある医者は多くの子どもたちの父親でもあった。あるとき、その医者が出張にでて家にいないとき、子どもたちは皆、間違えて家に置いてあった毒薬を飲んでしまい、悶え苦しんでいた。父親が帰宅すると、子どもたちがただ事ではない様子であった。子どもたちは父親がかえってきたのをみてこのようにいった。「ありがたいことだ。お父さん、あなたはつつがなく、ご無事でおかえりになった。さあ、私たちの身を責めさいなむこの毒物か毒薬から救い出してください。お父さん、私たちの命を救ってください」。父親は早速、色も香りも味も良く効き目もすぐれた薬をととのえ、息子たちにこのように伝えた。「息子たちよ、お前たちは、この色も香りも味もよい、すぐれた良薬を飲みなさい。息子たちよ、このすぐれた良薬を飲めば、たちどころにその毒物か毒薬は除かれ、気分がよくなり、健康をとりもどすだろう」。息子の中で正常な観念をもつ者は父親のことばを信頼し、その薬を服用して苦痛から完全に解放された。他方、息子の中で倒錯した観念をもつ者は父親の帰宅を喜んだのはよいものの、薬が苦いのではないかとの観念をおこし、それを飲まなかった。そこで父親は倒錯した観念をもつ息子たちについてこのように考えた。「これらの私の息子たちは、かの毒物や毒薬によって観念が倒錯している。実に、彼らはこのすぐれた薬を飲もうとしないのに、私を喜んで迎えている。そこで、私は巧みな方便を用いて、この子らにこの薬を飲ませることにしよう」。そして父親はこのように伝えた。「良家の子らよ、私は老いさらばえ、年とった老人である。私には死期が迫っている。だがしかし、息子たちよ、お前たちは悲しんではいけない、気落ちしてはいけない。私はお前たちにこのよく効く薬をあげよう。もし欲するならば、この薬を飲みなさい」。父親はこのように「方便（upāya）」をもってさとし、旅立った。そして病める息子たちに自分が死んだと告げるように使者に命じた。病める息子たちは悲しんで慟哭し、次のように嘆いた。「実に、われわれの父であり、保護者であり、生みの親であり、慈愛を垂れてくださる唯一の人であったのに、その人さえも亡くなってしまった。いまやこのわれわれには保護してくれる人もいない」。そこでやっと父親の残した良薬を服用することに決め、飲んでみたところ、たちどころにして苦痛から解放された。実際のところ死んではいなかった父親は、病める息子たちが苦痛から解放されたことを知り、ふたたび息子たちの前にあらわれた。

父親は病める息子たちに嘘をついたのではなく、息子たちが苦痛から解放されるように方便を説いたのである。父親が実際は死んでいなかったということは仏の不滅、仏の遍在を意味する。歴史上のゴータマ・シッダールタが滅度したのは仮に人間の身としてこの世界にあらわれた仏の滅度を示しているのであり、あらゆる目にみえる仏を基礎づける法身というものは、修行者にとっては永遠不滅のものであるということを示唆している。譬喩の中の子どもたちは、もともと健全なのにもかかわらず、自分たちの顚倒した知見によって誤って「煩悩（kleśa）」という苦しみに捕らえられ、良い薬（法）が身近にあるにもかかわらず、それを飲もうとしない。すなわち仏性をもつにもかかわらず、それを磨こうとしないことが示唆される。

以上、三つの譬喩はすべて、凡夫は本来苦しまなくてもよい苦しみを味わい、自分の内部にある仏性に気がつくときにはじめて新たな覚の世界をつくりあげることができることを、さらには仏と同じようになることができるということを示唆している。

（三）仏や菩薩の究極目的

『法華経』において仏や菩薩のはたらきは比喩的にさまざまに説かれ、またそのような仏の子どもが凡夫であり、将来仏になりうる存在であることが説かれてきた。したがって、現在は子どもである凡夫であっても、将来において仏の使命を負っていくこととなる。それは仏をめざす段階の修行者である菩薩が心に留めておくべき使命であるともされる。

「法華経方便品第二」では、他者までもが仏になっていくようにすることが仏の役割であり、はたらきであることについて、如来の知見の開示悟入として次のように説かれる。

シャーリプトラよ、ただ一つの仕事のために、一つのなすべき事柄のために、正しいさとりを得た尊敬さるべき如来は世間にあらわれる［……］すなわち、大きな仕事のために、大きななすべき事柄のために。［……］如来には一つの仕事、一つのなすべきこと、すなわち大きな仕事、大きななすべきことがあって、その仕事のために正しいさとりを得た尊敬さるべき如来があらわれるというその仕事とは、［……］如来の知見を衆生たちに得させるという目的で、［……］如来の知見を衆生たちに見せるという目的で、［……］如来の知見に衆生たちを入らせるという目的で、［……］如来の知見を衆生たちにさとらせるという目的で、［……］如来の知見の道に衆生たちを入らせるという目的で、さとりを得た尊敬さるべき如来は世間にあらわれるのである。これがすなわち、［……］如来の一つの仕事、一つのなすべき事柄、大きな仕事、大きななすべき事柄であり、（如来が）世間にあらわれるた

めの唯一の目的なのである。(34)

上説における如来の目的をわれわれ自身の志す目的として読みかえることができるし、仏性思想を多く論じる『法華経』においてはそのような読みかえがもとめられるだろう。また次に、菩薩の目的とすべきことについて、『法華経』の中では次のように論じられる。

薬王よ、だれかある菩薩大士が、如来（である私）が涅槃に入ったのちの時代、のちの時節に、この法門を四衆に説き明かすとしよう。薬王よ、その菩薩大士は、如来の室に入り、如来の衣を身にまとい、如来の座に坐って、この法門を四衆に説き明かすべきである。薬王よ、如来の室とは何か。あらゆる衆生たちへの慈悲というあり方こそが、薬王よ、実に如来の室なのである。かの良家の子は、そこに入るべきである。また、薬王よ、如来の衣とは何か。偉大な忍耐と（心の）柔和こそが、薬王よ、実に如来の衣なのである。かの良家の息子あるいは娘は、それを身にまとうべきである。さらに、薬王よ、如来の法座とは何か。あらゆる存在（一切法）の空性に悟入することこそが、薬王よ、実に如来の法座なのである。かの良家の子は、そこに坐るべきであり、坐って、この法門を四衆に説き明かすべきである。(35)

「如来の室」に入り、「如来の衣」を身にまとい、「如来の座」に坐るというイメージは、慈悲を自己の空気としてまといながら忍耐と柔和の心をもち、覚の坐から動かないことをめざすべきということを示唆する。

本章では、久松による人間の四分類において、第三の他律的蘇りの人間では足りず、第四の自律的蘇りが必須とされているという彼の見解を検討しながら、第四の人間に焦点化し具体的な人間像として補足説明することを試みた。まず慈悲の概念に着目し、さらに『法華経』における仏や菩薩のはたらきを考察することによって、覚の人間は仏や菩薩のはたらきをする人間として捉えられうることを示唆した。この考え方は如来蔵思想に裏打ちされている。如来蔵思想によれば、だれもが仏の子どもであるのだから、仏になる可能性をもち、仏とおなじ目的をもって生きていかねばならない。その生き方とは、ある側面からいえば観世音菩薩の慈悲をもつ生き方であり、ある側面からいえば平等に雨を降り注がせるような生き方であり、またある側面からいえば如来の室に入り衣を身につけ坐に座るというように、あらゆる衆生に覚って欲しいという大きな願望をもつ生き方とみることができるであろう。

註

（1） 第一の人間の特徴については『久松真一著作集　第二巻』理想社、一九七二年、三〇一―三〇四頁を参照。
（2） 第二の人間の特徴については同書、三一三頁を参照。
（3） 第三の人間の特徴については同書、三一三―三一五頁を参照。
（4） 同書、三一六―三一七頁。

(5)　同書、三一八頁。
(6)　同書、三一七・三三五・三三八頁。第三の人間については、神律的（Theonomic）他律的人間像ともよぶ（同書、三四一頁）。
(7)　同書、三四四頁。
(8)　同書、三四五頁。
(9)　同書、三一九頁。
(10)　望月信亨『望月佛教大辞典』第二巻、世界聖典刊行協会、一九三二年、一九七八頁。
(11)　中村元『慈悲』〈サーラ叢書一〉平楽寺書店、一九五六年、一九頁。
(12)　増谷文雄「第一部　知恵と慈悲の源流」（増谷文雄、梅原猛著『仏教の思想Ⅰ』角川書店、一九六八年）一七六頁。
(13)　註（11）に同じ、一九―二〇頁。
(14)　同書、二二頁。
(15)　同書、四七頁。
(16)　同書、四八頁。
(17)　同書、三〇頁。
(18)　中村元「『愛』の理想と現実」（仏教思想研究会編『仏教思想一　愛』平楽寺書店、一九七五年）七頁。
(19)　註（11）に同じ、一一三頁。
(20)　同書、一一六―一一七頁。
(21)　註（12）に同じ、一七七頁。
(22)　同論文、一七九―一八〇頁。
(23)　天台宗は慧文（五五〇―五七七）、慧思（五一五―五七七）、および智顗と次第し、智顗によって教理が大成された。慧文は修禅者であり『大智度論』によって「一心三観」の理を覚り、慧思に伝えた。慧思は『法華経』を研究して法華三昧をえて、『大智度論』の「三智一心中得の文」や三諦偈を深く理解して智顗に伝えた。智顗はこれをうけて、一念三千、三諦円融の教理を大成した。智顗の思想は前期と後期に分かれており、前期は空観に基礎を置くもの、後期は『法華経』の諸法実相観に根底をもつものであったという（平川彰『インド　中国　日本　仏教通史』春秋社、一九九七年、九七、一〇〇頁）。

(24) 中村元『法華経』東京書籍株式会社、二〇〇三年、二一一―二一二頁。

(25) その他、竺法護（Dharmarakṣa）による二八六年の『正法華経』十巻や、闍那崛多（Jñānagupta）他による六〇一年の『添品妙法蓮華経』が知られる。

(26) 壽誠廉、長尾雅人、丹治昭義訳『大乗仏典　第四巻』中央公論社、一九七五年、一四九―一五一頁。（　）内は引用した著書の訳者による。

(27) 平川彰、望月良晃『法華経を読みとく　下』春秋社、二〇〇〇年、一九四―一九五頁。

(28) 壽誠廉、長尾雅人、丹治昭義訳『大乗仏典　第五巻』中央公論社、一九七五年、二二七頁。

(29) 同書、二三〇頁。

(30) 同書、二二四―二二五頁。

(31) 註（28）に同じ、一六五―一六六頁。

(32) 同書、一六六頁。

(33) 以下三つの譬喩の内容については、鈴木修学『法華経七喩の話』青山書院、二〇〇〇年を参照。

(34) 註（26）に同じ、五一―五二頁。（　）は漢訳者による。

(35) 註（28）に同じ、一七頁。（　）は漢訳者による。

第三章　禅仏教の「十牛図」にみる自己形成観

――上田閑照による「十牛図」解釈の再検討

第一節　禅仏教の人間形成観を示す「十牛図」

本章では大乗仏教、とりわけ禅仏教における人間的成熟を考えるための教材として「十牛図」を活用して論考をすすめる。今日の教育学における生涯発達について検討する上でも意義ある教材がこの「十牛図」であろう。

自己を建物にたとえてみるとき、西洋（ここでは近代以降を想定する）の自己形成論には、建物を全部壊してから新たにつくりあげるという発想が東洋（ここでは大乗仏教、とりわけ禅思想を想定する）に比べて薄いという印象をもつ。代わりに、建物がバランスを保つように、一部ずつ修正していくという発想を西洋ではとるように思われる。他方、東洋の自己形成論には、建物を一掃してまったく新たなものをつくりあげるという観点がある。それは自然現象でいうならば、昆虫の脱皮に似ている。建物を少しずつ修正していく方法はいつまでたっても建物全体の均整をとることが終わらない方法であるが、それをいったん全部壊してから新しくつくるというところに、東洋における禅仏教の人間形成観の特色がある。

インド、中国を経てわが国に移入された「禅（dhyāna）」[1]における自己形成を指南する書物に、『禅宗四部録』がある。[2]そのうち、「十牛図」は、禅のめざす覚《さとり》を、主に図を通して説明するものである。わが国でよく知られる「十牛図」は、廓庵（一〇六五―一一三五）によるものであり、旧来の各派各様の「十牛図」が彼によって総括されているという。廓庵は、「十牛図」の題、頌、図を作成し、その弟子である慈遠が「十牛図」巻首の総序と各章のはじめに付いている小序を作成した。それらに石鼓希夷と万松大璉による和頌（一種のコメント）が加えられたものが、現存しているものである。廓庵による頌が、それぞれの境位そのものを図に即して説明するものであるのに対して、慈遠による序は、それぞれの境位を客観的に説明して、全体からみたそれぞれの境位の連関性を描くものであるという。さらに慈遠の小序が廓庵の頌に対して手厳しい批判を含むものであった一方で、石鼓希夷と万松大璉による和頌は廓庵の思考に近いものであったようである。[3]

覚というものが言語道断、あるいは不立文字といわれるように、本来ことばによっては説明され得ないものである性質をもつことからも、それをことば以前のところから図によって示そうとした「十牛図」は画期的である。さらにそれは、宗教哲学者の上田閑照（一九二六―　）の指摘にあるように、わが国のみならず、他国においても覚について知る上で、共通の手がかりとしての教材になる可能性をもつ。わが国では「十牛図」に関してこれまでいくつかの研究がなされているが、[4]上田閑照はなかでも従来の禅的解釈を踏まえつつ「自己の現象学」という観点から「十牛図」を自由に独創的に解釈している。[5]

次に示す「十牛図」は京都相国寺蔵の伝周文筆「十牛図」である。[6]

第一「尋牛《じんぎゅう》」

第二「見跡《けんせき》」

第三「見牛《けんぎゅう》」

第四「得牛《とくぎゅう》」

第五「牧牛《ぼくぎゅう》」

第六「騎《き》牛《ぎゅう》帰家《きけ》」

第七「忘《ぼう》牛《ぎゅう》存人《そんにん》」

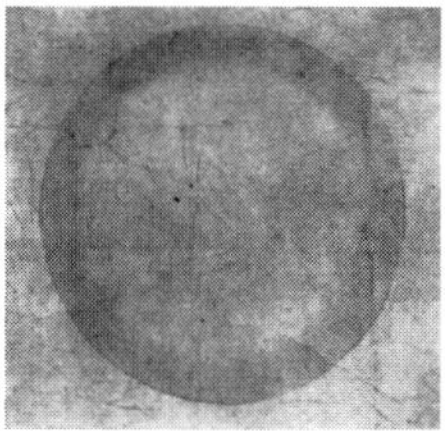

第八「人《にん》牛《ぎゅう》倶忘《くぼう》」

第九「返本還源《へんぽんげんげん》」

第十「入鄽垂手《にってんすいしゅ》」

第二節　第一「尋牛」乃至第七「忘牛存人」の漸修的自己形成観

まず、第一「尋牛」から第七「忘牛存人」までを一括りとして、そこに読み取ることができる禅仏教の自己形成観について検討したい。各々の図の下に記す題とその下の頌は廓庵によるものであり、序は弟子の慈遠が付したものである。以下の邦訳はすべて、中国禅宗史の研究者である柳田聖山（一九二二―二〇〇六）による。(7) 柳田は天理図書館蔵の五山版をテキストとして、解題を付した。(8)

第一「尋牛」

廓庵の頌　「あてもなく草を分けて探してゆくと、川は広く山は遥かで、ゆくてはまだまだ遠い。すっかり疲れ果てて、牛の見当もつかぬようになって、あやしい楓の枝で鳴く、秋のおくれ蝉の声が、耳に入ってくるばかり」

この第一「尋牛」から第七「忘牛存人」までは、牛を見失った牧人が、牛の足跡をみつけるところからはじまって、手に負えない牛に鞭打ちながら、ついには牛を自由自在にあやつれるまでになり、それに乗って家に帰るまでを描いている。ここでの牛は理想であったり自己における高貴なものであったり、仏教的術語でいえば「仏性」と捉えられる。他方、第一図における牧人は、迷える自己、理想を見失ってしまっている自己、誘惑に負けてしまう自己である。上田によれば牛は「真の自己」をあらわすものであり、牧人は「真の自己を求める自己」をあらわすものである。(9) 第七「忘牛存人」にいたるまでに、牧人は徐々に道徳的成長を遂げていく。牛に乗って帰り着く家は、自己成長を遂げた到達点であるが、しかしまだそれは「十牛図」においては仮の到達点である。そこは一時の満足が得られる場所でありながら、慢心の危険性を胚胎する一大点である。

第一「尋牛」から第七「忘牛存人」までは漸修的自己形成の過程である。このようにみるのは、禅の一般的な解釈でもあり、上田の解釈もその点は同様である。この段階において、自己はある機縁によって道徳的に形成されていくとされる。その機縁は第二「見跡」における牛の足跡としてたとえられている。第一「尋牛」に付した慈遠による序には、「はじめから見失ってはいないのに、どうして探し求める必要があろう」とある。一般的な禅の解釈や上田の解釈によれば、ここで見失っていないものは牛ではなく円相であるということが、段階的に図を経るにつれわかる仕組みをもつのが「十牛図」である。つづいて序には「覚めている目をそらせるから、そこにへだてが生じるので、塵埃にたち向かっているうちに（牛を）見失ってしまうのだ」とある。ここには、苦しまなくてもよいのに目をそらし、あたかも好んで苦の中に浸る凡夫の境地が描かれている。序のつづきには、「是非《よしあし》の思いが、鋒《つるぎ》のほさきのようにするどく起こる」とある。覚の状態からわざわざ遠ざかって、凡夫が始終物事の是非への迷いと、決定したことに対する後悔を繰りかえす様子が描かれる。

第二「見跡」

廓庵の頌　「川のほとり、林の木陰ほど、やたらと足跡がついている。芳草が群がり茂っているのを、君はきっと見たにちがいない。たとえ深山のそのまた奥でも、天に向いているその鼻を、どうしてかくせようか」

牛の足跡が「やたらと」ついていると示されているように、日常生活の中で牛を探すきっかけは多々ある。しかし、どれほど足跡が多くあっても、牛を探そうという意志をもたなければ牛をみつけることもない。第二「見跡」に付した慈遠による序では、「さまざまの器物がもとは同じ金塊であることをはっきりさせ、万物が自分と同じであることを実感する」とあらわされているように、頼りないと思っていた自分も実は仏性をもつ存在であり、万物はみな仏性をもつということを知るのがこの段階なのであろう。上田によれば第二「見跡」は、「法理の上での真の自己のあり方の見当がついたところ」という。[10]

第三「見牛」

廓庵の頌　「鶯は樹上に声をあげつづけ、春光は暖く、春風は穏やかで、岸の柳は青い。ほかならぬこの場所より、他に逃れようはないのであり、威風リンリンたる牛の角は、画にも描けない美しさである」

第三「見牛」ではじめて牛そのものがあらわれる。しかしまだその全体像はあらわれていない。第三「見牛」に付された慈遠による序では、「六つの感覚の一手一手が、行きちがうことなく、日常の動きの一つ一つが、ズバリとそれを現わしてくる」とあらわされており、これは煩悩に悩まされることのなくなってきた、禅における自在の境地に近い。上田によれば第三「見牛」は、「教の言葉の生きたもとがみずからの身体において生きたものとして自己化されてくる」ところである。[11]

第四「得牛」

廓庵の頌　「精力の限りを尽くして、その牛を捕えたが、牛は頑固に力みはやって、簡単には手におえぬ。突然、高原にかけのぼったかと思うと、さらに深い雲の中に居すわってしまう」

第四「得牛」には、綱に引かれる牛と、それを引く牧人の姿が描かれ、両者のあいだには緊張関係がある。牛を引く綱は緩むことなく張っており、そこに牛を思いのままにあやつることの困難さが読み取れる。しかしながら第三「見牛」と比べるとき、第四「得牛」は牧人が牛を綱によってつなぎとめている点で牧人は前進していることがみて取れる。第四「得牛」に付した慈遠による序では、「頑な心が依然として奮いたち、粗野な習性がまだ残っている」とあるように、まだまだ牧人には牛のいないときの状況に戻ってしまう危険性がある。そこで序はさらにこのようにつづく。「おとなしくさせたいと思うなら、どこまでも鞭をあたえることだ」。自己を律する努力をつづけるところに次の段階へのステップの可能性がある。上田によれば第四「得牛」は、「本来の自己とそれを求める自己との統一が具現化しているが（そしてこの統一が実は自己なのであるが）［……］持続的な厳しい統一のあり方を示している」という(12)。

第五「牧牛」

廓庵の頌　「鞭と手綱を片時も手放さぬのは、牛が勝手に歩いて、塵埃の中に引き込まれる心配があるからだ。よく飼いならせば、すっかりおとなしくなり、手綱で拘束していなくても、自分のほうから人についてくる」

第五「牧牛」は、第四「得牛」と比べて、手綱が緩んでいることがわかる。牧人にとって牛をあやつることが少し楽になったようにみえる。第五「牧牛」に付した慈遠による序では、「ある意識が起こるやいなや、その後から他の思いがくっついてくる」とあらわされ、本性を見失っているから迷妄であること、さらにその迷妄は対象に原因があるのではなく、自己の心がその原因であることが指摘される。この境地から抜けだすためには「牛の鼻の綱を強く引くことだ、もたついてはならぬ」と忠告している。第四「得牛」よりも自己形成が苦痛ではなくなってきた境地ではあるものの、そこで手綱から手を離せば元の木阿弥である。自己の心もち如何によって、第六「騎牛帰家」のほうへと前進もすれば、第四「得牛」のほうへと退却もするような不安定な境位が第五「牧牛」である。上田は第五「牧牛」について、「行が『安楽の法門』という本来の質をあらわしてくる」ところであると指摘し、「本来の自己である牛は実はどこにも逃げていたのではない。逃げていたのはかえって彼である」というように、「根源的主体」としての牛の性格を明らかにしている。(13)

第六「騎牛帰家」

廓庵の頌「牛にまたがって、ぶらりぶらり家路をめざせば、えびすの笛の音が、一ふし一ふし夕焼け雲を見送る。一つの小節、一つの歌曲にも、いいようのない気持がこもっていて、真に音曲を解する人には、よけいな説明など、さらさら無用である」

第六「騎牛帰家」では、その題があらわすように、牧人が牛に乗って家へとむかう。第六「騎牛帰家」に付した慈遠による序では、「争いはとっくに終わって、捕えることも放すこともさらにない」とあるように、ここでは牧人と牛は一体となってきている。自己の葛藤なくして、自己は自己形成に取りくむようになる。牧人が牛を運ぶのではなく、牛が牧人を運ぶという、第六「騎牛帰家」における牧人と牛との関係に着目するとき、第五「牧牛」までの両者の関係から逆転していることに気づく。すなわち、それまで牧人が牛をリードしていたのが、ここからは牛にリードされていくということである。家にむかう原動力は牧人側ではなく、牛の側にある。上田によれば第六「騎牛帰家」は「牧人と牛との『二』の統一の『一』がすっかり自然になる」状況であり、そこでは「それまでは牛にのみ注意を集中していた彼の目《まなこ》は、今や遥かに大空をのぞみみる」という。(14)つづいて第七「忘牛存人」において漸修的自己形成、すなわち自己形成の仮の到達点にいたる。

第七「忘牛存人」

廓庵の頌　「牛にまたがって、もう家にやってきた、牛は姿を見せず、人はのんびりだ。朝日が高く昇っても、かれはまだ夢うつつ、鞭と手綱は、藁屋《わらや》のあたりに置きっぱなしである」

第七「忘牛存人」では、第三「見牛」以降ずっと登場してきた牛は一挙として消えている。第七「忘牛存人」に付した慈遠による序では、「真理が二つあるわけではない、仮に、牛を主題としただけだ。蹄と兎が別ものであるのと同じく、筌《うえ》と魚の別があるようなものだ」とあり、家に到着した今、手段、あるいは教法としての牛が消えるのは当然といった見方がとられる。他方で上田は、「求める自己が求められる自己と一つになる」というように、「真の自己が現実の人になった」、いい換えれば牛は「その一人のうちへと消えている」と解釈する。[15]「それまで牧人と牛との二重性にあらわれていた自己分裂が止揚され、真に自己自身に落着いた人《にん》が現成した」と論じている。[16]

この境位は一見すると自己形成の到達点のようであるが、第七「忘牛存人」において自己はまだ自己完成しているわけでない。廓庵の「十牛図」ではそうであるが、しかしそれを最終的な完成とするような、禅の修行を直線的な上昇とみる「十牛図」もあった。それを明示するのは普明（一〇三二―一一〇四）の作品「牧牛図」である。[17]つづいて廓庵にとっての主題となる第八「人牛俱忘」以降の自己形成について検討する。

第三節　第八「人牛倶忘」・第九「返本還源」・第十「入鄽垂手」の相即相入的自己形成観

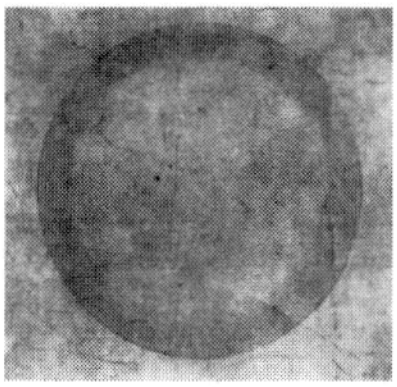

第八「人牛倶忘」

廓庵の頌「鞭も手綱も、人も牛も、すべて姿を消した、青空だけがカラリと遠くて、音信の通じようがない。真赤な溶鉱炉の焔の中に、雪の入りこむ余地はない、ここに達してはじめて祖師の心と一つになることができる」

第八「人牛倶忘」には一つの円相が描かれ、それ以外には何もない。第八「人牛倶忘」は、第七「忘牛存人」までの図とは別の次元のものである。第八「人牛倶忘」に付した慈遠による序では、「迷いの気持が脱け落ちて、悟りの心もすっかりなくなった。仏のいる世界に遊ぶ必要もなく、仏のいない世界にも足をとめずに通りぬけなくてはならぬ。凡聖のどちらにも腰をすえぬ」とあるように、第一「尋牛」において是非のあいだで迷っていた自己はもちろんのこと、凡聖のあいだで右往左往することもない自己が示される。上田によれば、第七「忘牛存人」と第八「人牛倶忘」とのあいだには、「非連続の飛躍」、「向上の飛躍的転換」とよばれうるものが生起している。[18] 上田によれば、第一「尋牛」における慈遠による序に「はじめから見失ってはいないのに、どうして探し求める必要があろう」とあったのは、「もともとこの処から看られていた」のであり、「漸修に対して頓悟ではない。事実上あらざるを得ない漸修をこのように一挙に消し得て頓悟なのである。漸修の真の否定としての頓悟なのである」と指摘する。[19] ここで着目すべきことは、第八「人牛倶忘」はその題をそのままに解釈すると、人も牛も共に消えたということになるだろうが、そのように単純に考えられる以上のことを含むということである。すなわち、上田によれば「たんに第七では牛が消えて人が存し第八ではその人も消えたというのではなく、第一から第七までの自己の全経歴がそこで一挙に空滅し、絶対無が絶対の始源となる」という。[20] ここで上田は久松真一の「能動的無」と第八「人牛倶忘」とを相応するものと捉え、またそれこそ「十牛図」全連関の要《かなめ》とみる。[21]

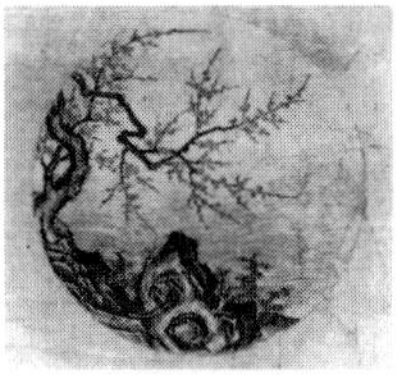

第九「返本還源」

廓庵の頌「あらためて根源に立ち還ってみると、努力の限りを尽してきたものだ。いっそのこと、盲聾のように、何も見ず聞かずにいるほうがよい。部屋の中にいると、外の万物は何も目に入って来ない、川は川で果てもなく、花は花で紅く咲《わら》うのみ」

第八「人牛倶忘」と第九「返本還源」の関係は、禅の「死して蘇る」における「死」と「蘇り」の関係であるということを上田は指摘する。[22] またそれを「無窮の否定から端的な肯定への大転換」と上田は論じる。彼によれば、「第八から第九へはもはや段階的な高まりではなく、相互透入相即互転の動きの両様相」であり、両段階は「絶対否定即絶対肯定＝絶対肯定即絶対否定の連関」をなすものであり、「この全連関が絶対否定の方向に分節し出されたものが第八であり、絶対肯定の方向に分節し出されたものがまず第九」である。[23]

第九「返本還源」に付した慈遠による序では、「山の姿はいよいよ青く、居ながらにして、万物の成功と失敗が観察される」とあるように、自己が第八「人牛倶忘」の「無分別」の境地にいるからこそ、第九「返本還源」に示される自然の如実を知ることができるということである。ところで今日われわれが一般的につかう自然ということばは、英語の nature を訳した語であることが多いが、わが国では浄土真宗の祖師である親鸞（一一七三―一二六二）が「自然法爾」ということを論じている。親鸞による「自然」と「法爾」は両者とも、「ひとりでに、そうなるさま」、「仏或いは仏国土に属する事物が調和がとれ、円満であり、美しいこと」、「悟り、涅槃」、あるいは、「理法による必然性、真理としての法則」を意味する。[24] 親鸞がいうような、仏教的な文脈上にある「自然」と、英語の nature を訳した「自然」はこのように多少意味を異にする。

第十「入鄽垂手」

廓庵の頌「かれは、痩せ衰えた胸を露わし、素足《はだし》で市《まち》にやってくる、砂塵にまみれ、泥をかぶりながら、顔じゅうを口のようにしてニコニコと語りかける。仙人など用のないのか、本当の秘術、ずばりと枯木に花を咲かせる」

第十「入鄽垂手」に付した慈遠による序では、「徳利をぶらさげて町にゆき」、「酒屋や魚屋たちが、感化して成仏させる」とあるように、第八「人牛俱忘」と第九「返本還源」を通り過ぎた自己は、世間において一見すると一般的な生活をしている。しかしそこには第一「尋牛」乃至第七「忘牛存人」に描かれたような、真の自己との格闘はなく、この図からはよい意味での心の余裕を読み取ることができる。第十「入鄽垂手」に描かれる人は、自己の葛藤なしに生きているようにみえる。

上田によれば第十「入鄽垂手」は「自覚覚他」の段階である。「入鄽垂手」という題が「混雑労苦の人間世界に入って利他を行ずる」ことをあらわすように、「『自己ならざる自己』が自己としてあらわれると、人間世界に自己展開し、それは自《おの》ら《ずか》他己をして真の自己に目覚ましむる道となる。しかも他者が自《みず》ら《か》目覚めるという仕方で」ということである。[25] 具体的には「『他のために……しなければならない』という意識からではなく、あるいはまた、その意識をも包んで、自らの交わりが自然にそして事実他のためになる」という。[26] また、第十「入鄽垂手」についても第九「返本還源」とおなじように、第八「人牛俱忘」との相即相入として現起するという。[27] 第十「入鄽垂手」には二人が描かれるため、下化衆生や痴聖の遊戯といった解釈が一般的になされる。[28] 他方で上田は「真の自己がその『向い合った二人』になっている」、「自他という二倍になっている」、「人『間』が真の自己」、「自他」、「『自分のペースで』ではなくいわば無のペースで他と交わる」というようにさまざまにいい換え独自の見解をあらわしている。[29] この見解について具体的に、「それまでは、他者に出会っても、他者はいつも自己と自己との関係の影にされていた、あるいは、自己が自己に関係するその関係の影を他者におとしていた」が、「自他」においては「自己の事を他者に

かぶせるのではなく、逆に、他者の事が無なる自己の事になる」とあらわしている。(30)

第四節　第八「人牛倶忘」が示す平等と第九「返本還源」が示す差別

上田は、第八「人牛倶忘」、第九「返本還源」、および第十「入鄽垂手」の三図にとりわけ焦点を合わせ、それらを一連の動的な連関をなす三図とみる。この三図は「真の自己」の三側面であり、順に「絶対無」、「自然」、「自他」と表現することができ、それは第七「忘牛存人」における牧人と牛との一体化としての「真人」をさらに飛躍したところにある。また一般的な禅仏教の解釈においても、第七「忘牛存人」は仮の到達点であるとされ、そこからの飛躍がもとめられ、それは「無我」、「大死」、「大疑」とよばれるような体験として説明される。

本章では「十牛図」を自己の現象学として捉える上田の解釈を中心として、とりわけ第八「人牛倶忘」を要とする解釈について考察した。このような自己形成観は東洋的なものであり、今日において、自己の向上や他者を活かすような生き方を考える上でも大きな示唆をあたえてくれる考え方である。さらに「十牛図」は、さまざまな解釈を許すため、たとえば第八「人牛倶忘」を「空」、「平等」、「縁起」としてみること、他方で第九「返本還源」を「差別」としての現象とみること、さらに第十「入鄽垂手」については第八「人牛倶忘」と第九「返本還源」を総合した観点において日常生活を生きること、というようにも捉えられる。たとえば「本質」と「様相」という語をもちいるならば、両者を混合しない見方が禅仏教では重要とされるが、[31] 第八「人牛倶忘」にあらわされるのが「本質」であり、第九「返本還源」にあらわされるのが「様相」であるというようにも捉えることができる。「様相」は第九「返本還源」に描かれる自然のように、生滅変化をまぬがれることがないものであり、他方でその中には四季の移り変わりにみられるような法則があり、物事の「本質」がある。このように変わらない「本質」とは仏教では実体ではないということが強調され、すなわち「空」や「縁起」こそが変わらぬ真理として捉えられてきた。

自己が苦の中にいる状況というのは、「十牛図」でいうところの第一「尋牛」乃至第七「忘牛存人」に相当し（第七「忘牛存人」では一時的な安心をえているものの、まだそれ以降の飛躍を遂げていない）、そのとき自己は物事の「本質」を見落とし、「様相」の流転生滅する変化ばかりに目をむけ、そこに固執しながら右往左往する。他方で、環境を自己の思いどおりにあやつることができなくても安心を得られる立場が現に存在し、それは「身体的障礙が精神的煩悶の原因とはならない立場」であり、[32] そのような精神的な立脚点においては「現存在は性格的には空なるが故に因縁に従って変化生滅し得る」ということが理解されている。[33]

さいごに、みずからも禅仏教徒である西谷啓治のことばを引用しておきたい。

「単純といえば極めて単純であって、誰がいつの時代にどこで歩いても同じ道を歩いている」一方で、「一人一人の人間が或る時に或る所で歩いた道は、一つとして同じものはなく、限りない多様性を示している」。[34]

「十牛図」はあらゆる人がみずからの生き方と照合させうるような自己形成観を示しながらも、その生き方の具体性について描くわけではない。禅仏教の生き方として押さえるべき点を示しながらも自己形成の多様性を保証している。第十「入鄽垂手」の境位における覚のはたらきの具現化についても、各々が実践しながらみいだすしか方法はないのかもしれない。自由自在に自分の周りの人々をも覚らせていくという生き方は、覚の立場からは自由におこなうことのできるものであるが、自己がそのような人に到達するまでには漸修的自己形成やそこからの飛躍を乗り越えなければならないのであるから、そこには並々ならぬ努力や忍耐が必要である。しかしながらそれを乗り越えたところに待っている、一見神秘的のようにも思える仏教的な生き方は、それまでの努力に見合う以上の、魅力あるものであろう。

註

（1）　禅は、「結跏趺坐」という意味をもつ梵語の dhyāna の中国語の音訳 ch'an-na（漢訳は「禅那」）の短縮形である ch'an を日本語読みにしたものである。禅は六世紀はじめに南インドから中国にわたってきた菩提達磨（bodhi-dharma）によっておこり、八世紀の初唐にかけて中国で発達した。禅は一切の儀礼的、経典的、民族的な見解を除去して、仏教の根本精神を知ることを目的とするものである。中国では五家七宗に分派した（鈴木大拙著、北川桃雄訳『禅と日本文化』岩波書店、一九四〇年、二頁）。わが国では、臨済禅や曹洞禅が一般的に知られる。

（2）『禅宗四部録』は「信心銘」、「証道歌」、「十牛図」、「坐禅儀」からなる。

（3）「十牛図」の作者やその歴史については柳田聖山「解題」（上田閑照、柳田聖山『十牛図』筑摩書房、一九九二年）二七〇―二七二頁を参照。

（4）　たとえばここで現在手にとることができる著作だけでも以下のように、柴山全慶『十牛図』（弘文堂書房、一九四一年）、久松真一『久松真一著作集　第六巻』（理想社、一九七三年）、梶谷宗忍ほか『信心銘　証道歌　十牛図　坐禅儀　禅の語録一六』（筑摩書房、一九七四年）、西谷啓治、柳田聖山編『禅家語録Ⅱ　世界古典文学全集　第三六巻Ｂ』（筑摩書房、一九七四年）、山田無文『十牛図　禅の悟りにいたる十のプロセス』（禅文化研究所、一九八五年）、横山紘一『十牛図の世界』（講談社、一九八七年）、横山紘一『十牛図・自己発見への旅』（春秋社、一九九一年）など多くあり、その他単独論文もある。鈴木大拙を中心として英訳もおこなわれ他国にも紹介されている。

(5) 上田閑照、柳田聖山『十牛図』（筑摩書房、一九九二年）、上田閑照『十牛図を歩む——真の自己への道』（大法輪閣、二〇〇二年）、上田閑照『上田閑照集　第九巻』（岩波書店、二〇〇二年）、『上田閑照集　第六巻』（岩波書店、二〇〇三年）。

(6) 上田閑照、柳田聖山『十牛図』筑摩書房、一九九二年における口絵である。

(7) 柳田聖山「住鼎梁山廓庵和尚十牛図」（同書、一七五—二六四頁）を参照。以下、引用における（　）内やルビは邦訳者である柳田によるもの。

(8) 同書、柳田聖山「解題」二七〇—二七二頁。

(9) 同書、上田閑照「自己の現象学——禅の十牛図を手引として」三一一頁。

(10) 同論文、三七頁。

(11) 同論文、三九頁。

(12) 同論文、四一頁。

(13) 同論文、四二—四三頁。

(14) 同論文、四四頁。

(15) 同論文、四五頁。傍点は上田によるもの。

(16) 同論文、四七頁。

（17）近世中国において流行した普明の「牧牛図」は、第一「未牧」から第九「独照」までを四角い枠の中に描く。廓庵の「十牛図」において一貫して描かれる円相は、普明の「牧牛図」では第十「双泯」ではじめて登場する。この図は、牛が黒から白に変わっていくあり方を描き、牛そのものに自己の変化をあらわしている。正統の仏教思想よりも、道家的色彩が濃く、チベットの牧象図に影響を受けているのが普明の「牧牛図」であるという。彼は止観明浄、泯絶無寄を理想とする（同書、柳田聖山「解題」二七四―二八四頁）。

次に、「未牧、初調、受制、廻首、順伏、無碍、任運、相忘、独照、双泯」の順に普明の「牧牛図」を示そう。図版は柴山全慶『十牛図』より、日本において一八五五年に刊行した中国の書物によるものである。

「未牧」

「初調」

「受制」

「廻首」

「順伏」

「無碍」

「任運」

「相忘」

「独照」

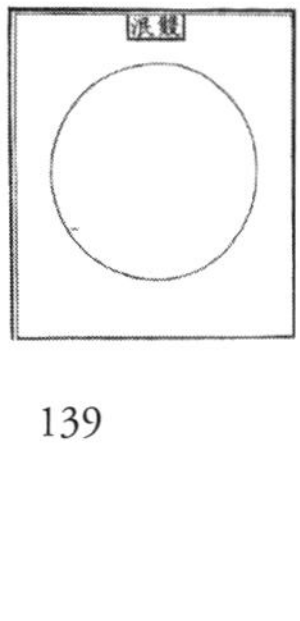
「双泯」

(18) 上田「自己の現象学——禅の十牛図を手引として」上田、柳田『十牛図』、四九頁。
(19) 同論文、五七頁。
(20) 同論文、六〇頁。
(21) 同上。
(22) 上田閑照『十牛図を歩む——真の自己への道』、一六七頁。
(23) 註(18)に同じ、六三—六四頁。
(24) 市川浩史『親鸞の思想構造 序説』吉川弘文館、一九八七年。
(25) 註(18)に同じ、六五頁。傍点やルビは上田によるもの。
(26) 同論文、六七頁。ルビは上田によるもの。
(27) 同論文、六五頁。
(28) 柳田聖山「住鼎梁山廓庵和尚十牛図」同書、二六二—二六三頁。久松真一『久松真一著作集・第六巻』、五一九頁。第十「入鄽垂手」に描かれる老人は布袋として描かれる。その特徴として、太鼓腹であり大きな袋を常に背負っている。布袋は弥勒(maitreya)の化身として知られる。
(29) 註(18)に同じ、六七—六八頁。
(30) 同論文、六八頁。
(31) 香川義昌『人間と自覚——禅の思想』法蔵館、一九四九年。
(32) 同書、三九頁。
(33) 同書、五五頁。
(34) 西谷啓治「解説」(西谷啓治、柳田聖山『禅家語録Ⅱ 世界古典文学全集第三六巻B』筑摩書房、一九七四年)四一六頁。

第三部　「覚」の諸相

第一章　唯識説における三性三無性説

第一節　唯識説の大乗仏教史的位置

「唯識説（vijñāvāda）」は「迷悟はただ心のあり方（識、vijñāpti）のみに基づくという意味」で、「唯識性を体得することをもって悟りと見」る思想であると高崎直道によって説明されている。[1] 唯識説は歴史的には、「インド大乗仏教の歴史の中で、龍樹にはじまる中観派（Mādhyamika）の空思想のあとを承けて、無著（Asaṅga, 三一〇—三九〇年頃）と世親によって確立された瑜伽行派（Yogācāra）の基本的学説」であり、空思想との対比からみれば、「空思想が、仏教のものの見方としての縁起説すなわち諸現象（諸法）は因縁によって生起しているゆえに実体がない（無我）ということを空と捉えたのに対し、瑜伽行派の人々は、そのようにみる主体としてのわれわれの心のあり方に思いをいたし」、「迷いをひきおこす我執にみちた日常心の根元に、潜在意識としてのアーラヤ識がはたらいていることをつきとめ、このアーラヤ識がはたらきを停止するときはじめて、最終的な仏のさとりに至る（転識得智）とし」た。[2] 唯識説は「『自己が外部世界の対象を知る』という考え方を否定し、『自己』も『外部世界の対象』も心のあらわれにほかならない」と説くものである。[3]

唯識説は興福寺や薬師寺、また法隆寺などが所属する法相宗の教理であり、ただ法相宗の教理であるだけでなく、仏教の基礎学としてみなされており、「歴史上最後に発達した、もっとも精密な理論体系」である。[4] 法相宗が中国において流行したのは「思想体系の合理性、整合性等が魅力だったのだろう」とその理由は指摘される。[5] 唯識は「空性説に立脚して法の仮有を説く」のであるが、「空性とは言いながら、仮有の諸法を現わし出す根元として識のみの実有を説く（唯識無境、これが唯識とよぶ所以）ので、大乗のなかでは究極的な教えではないとみなされた」。[6]

如来蔵思想との関連について着目するならば、法相宗は「さとりの可能性について、三乗の区別と、一部の不成仏を主張する（五姓各別、一分不成）」ため、一乗思想の立場からは「権大乗」の烙印を押されたものであり、[7] その点で一乗思想を中心とする如来蔵思想と大きく異なる。五姓各別説についてはとくに護法（Dharmapāla）が支持していた。五姓とは、「声聞定性、縁覚定性、菩薩定性、不定性、無性性」である。五姓各別説は現実にある区別に目をむけた思想であり、この視点からは如来蔵思想は理想論とみられる。「三乗が仮で一乗が真か、三乗が真で一乗が仮か。実際にはこの議論は全然かみ合っていませんし、まったく勝敗がついておりません」と宗教評論家のひろさちや（一九三六―　）によって指摘されるように、[8] この二つは異なる次元での考え方といえる。如来蔵思想は唯識説と交渉することによって、唯識説の付属的学説の位置に置かれ、やがては唯識説に吸収されてしまう。[9]

唯識説は八識説ともよばれる「心意識説」や「三性三無性説」などの諸説によって構成されるが、本章では「覚」の諸相についての手がかりを得るために、とくに「存在論と認識論の二様の意味を含む」とされる「三性三無性説」を中心に、[10] 考察してみたい。

第二節　遍計所執性、依他起性、円成実性の関連性

以下に論じる三性三無性説は、「空（＝無自性）の思想を分析的に説明したもの」であると指摘されることからもわかるように、[11]覚についてある一面から説明するものである。この枠組は『般若経』(*Prajñāpāramitā*) から展開したものといわれる。[12]三性説と三無性説は「表裏をなす関係」である。[13]三性は「遍計所執性、依他起性、円成実性」からなる。それは「唯一の実在にたいして、それにたいするわれわれのかかわり方に応じてあらわれてくる、異なった三つの形態のこと」である。[14]

第一の遍計所執性の「遍」はあまねくという意味であり、「計」とは「分別（vikalpa）」を意味する。すなわち遍計所執性はあらゆるものを分別してそれらにとらわれるところを意味し、言語表現以前の表象を言語的に構想したあとのものを指す。このような仕方で「表象されたもの（vijñāpti）」として、「身体、身体の所有者、経験者、それらによって経験せられる対象、それを経験する主体、時間、数、場所、言語的表示、自他を区別する表象」などがある。[15]このようにわれわれが物事を認識するとき、一般的にはこのように分別という方法をとって認識している。

これが問題となるところは、分別することによって認識したものに対して執着をおこすところである。まちがった認識作用について、仏教ではそれを「顛倒」とよぶ。顛倒は具体的に、「常・楽・我・浄」の四顛倒として原始仏教以来説明される。すなわち、「無常・苦・無我・不浄であるのに、常・楽・我・浄

である」と考えるものである。[16] 中でもとりわけ、無我についてわれわれは容易に理解できず、我執から離れにくいといわれる。「常・楽・我・浄」は大乗仏教では肯定的な概念であり、仏の認識はまさに「常・楽・我・浄」であり、このような覚をえてふたたび「無常・苦・無我・不浄」の世界で自由に生きることが目的とされるという。[17] また、四顛倒とは別に、「不増益・損減の顛倒」とよばれるものがある。増益の顛倒とは「無いものを有る」とみる思いまちがいであり、損減の顛倒は「有るものを無い」とみる思いまちがいである。[18]

遍計所執性という概念がわれわれに教えることは、たとえばわれわれが日常的にある物体をみて白いと考えるとき、それが遍計所執性によって得た見方であるということである。すなわち、自分がみている物体自体が白いものであると即座に決断するのではなく、その物体が白くみえていることこそが真実であるということを認識することである。物体が白いかどうかという問題の場合は、それがあまり重要な問題とされない可能性があるが、たとえば他者に対して好悪の感情を抱くとき、相手自身に好悪の性質があるのではなく、みる側の分別や執着によって好悪として色づけされているというように考えると、遍計所執性がわれわれに教えている道徳的意義に気づくことができる。またさらに、「自分」というものに対しても、それがどこにも存在しないということを心底理解するとき、我執をなくすことが可能となる。[19]

たとえば『大乗荘厳経論』（*Mahāyānasūtrālaṃkāra*）では、「潜在的なことばのエネルギー」としての「意言（manojalpa）」と、「顕在化したことば」としての「名言（abhilāpa）」という概念を立て、日常世界がこれらによって展開されると説明した。[20] また『瑜伽師地論』（*Yogācārabhūmi*）では「名前にもとづいて、対象の自性をはからう」こと、「対象にもとづいて、名前の自性をはからう」こと、「名前にもとづいて、対象の自性をはからう」こと、「対象にもとづいて、対象をはからう」こと、および「名前と対象との両者にもとづいて、この両者をはからう」ことを遍計所執性の具体的なあらわれと捉えているという。[21] それは心理学や唯識説を中心に研究する岡野守也（一九四七— ）のことばを借りるならば「全宇宙はどこにも切れ目のない一つの宇宙なのだが、私たち人間は言葉をいわばナイフとしてそこに切れ目を入れ、実際にも切れ目があるかのように錯覚する」ことであり、つづいて岡野がたとえるように、「例えばここに私がいて、向う側に例えば太陽があると考える。私の生命活動のエネルギーのすべてはもともと太陽からもらったものであり、そういう意味でいうと太陽は単に私の外、向こう側にあるのではなく、私の中にもあることは、ほとんどまったくと言っていいほど自覚していない」というのが、ことばをつかうわれわれの日常的な過ごし方となっているのである。[22]

また、仏教学者の横山紘一（一九四〇— ）は、「具体的に、「私が死ぬ」という私の恐れについて、遍計所執性であると捉える。「恐れ」があるだけであるのに、「私は死ぬのだ」と、私の死を私の恐れとして所有するところに問題が生じると捉えるのである。[23]

そして鈴木大拙は、遍計所執性について一言で「妄想」と表現し、「水の中に入れたまっすぐな棒は光の屈折のせいで曲がって見えるし、手足が切断された後も、神経系が新たな状況に適応できないことによって、失われた手足の感覚が残る」というたとえをもって説明し、「各々の場合の当該の感覚的印象は確かに正しく解釈されている」ものの、それらは「妄想なのである」と論じる。[24] つづけて鈴木は、「エゴイズムを最後の砦として、それに執拗に執着する者は、知性の蜃気楼を信じるようなもの」と指摘し、このことを「砂漠で幻の水を見て必死でそれを追いかける喉の渇いた鹿」や、「水面に映る月を摑まえようとする小賢しい猿」にたとえながら、エゴイズム以外にも「呪物崇拝や偶像崇拝、神人同形論、神人同性論などといった実体のない主観的妄想に基づいて形成されたすべての世界観」を遍計所執性として分類する。[25]

第二の依他起性は、「他に依って起こる」ことを意味し、「他」とは「因縁（hetpratyata）」、すなわち「直接的原因（het）」と「間接的原因（pratyata）」を意味する。すなわち依他起性とは、世界のいかなるものであってもそれぞれ独立で存在するものは何ひとつなく、相互に関連することによって成り立っているという性質を指し示す術語である。これは、大乗仏教における中観派の龍樹（Nāgārjuna, 一五〇―二五〇年頃）が唱える「空説（śūnyavāda）」、すなわち「何ものかに縁有り、此生ずるが故に彼生ず（pratītya yad yad bhavati）」に相当する。「私たちは少し冷静な目で見てみるならば、自分が他によって生かされてあるという事実に気がつ」く。[26]「実体的な自分というのはどこを探しても存在しない」のであり、ただ「私」や「自分」といったことばがあるだけである。[27]鈴木は依他起性を「相対的知識」と表現し、それは「相対性の法則を知ることによって形成される世界観」であると論じ、依他起性は以下のことを指摘しているという。[28]

世界は相対的な存在でしかない。そして我々の知識は必然的に制限されている。究極の普遍化を成し遂げたとしても、それは相対性の法則を超越することはできない。存在の第一原因と最終目的を知ることはできないのであるから、存在の領域を越えて先に進む必要などない。そんなことをすれば、必ず神秘的想像の迷路に迷い込むであろう。

依他起性は、存在の第一原因と最終目的を知るということは不可能であることを示し、また鈴木によれば、依他起性とは「実証論的、不可知論的、あるいは経験論的性格」をもつものである。[29]

第三の円成実性は、依他起性からみちびかれるものであり、他方で遍計所執性を否定するものである。「遍計所執性を否定すれば、依他起性を否定しなくても、必然的に依他起性はみずからを解消して円成実性に悟入する」といわれる。[30] 円成実性は「空性（śūnyatā）」を捉えるということであり、それは「真如（tathatā）」を捉えるということであり、また「無分別智（avikalpajñāna, nirvikalpajñāna）」を得た覚の境地に相当する。

鈴木は円成実性を「絶対的知識」と表現し、「我々の生命と経験の根底に」作用する「必須原理」であり、「最も完全な知識に基づく世界観」がそれであると指摘する。[31] 鈴木は円成実性について、「人間性の絶対的要求」、「経験の究極的原理」、「大いなる意志」、「大いなる知性」、「一切の経験の根底にあってそれらを活動させ、そして宇宙的生活、倫理的生活、宗教的生活の基礎を形成している」ものとことばを換えながら説明し、「神」、宗教的には「法身」、存在論的には「真如」、心理学的には「菩提」や「正覚」とよばれるものと指摘し、「あらゆる空間、時間に顕現する、宇宙の内在的存在」、「永遠に続く創造の原因」、「道徳の基本原理」ともいい換える。[32]

三性説は三種の存在形態を説明しながら、同時に三種の認識作用を説明している。三性説を存在形態としてみるとき、それは依他起性を媒介とすることによって、苦をもつ自己と覚の状態にある自己が本来同一であるという思想を理論的に基礎づけるものである。他方で認識作用としてみるとき、おなじく依他起性を媒介とすることによって、ひとつの物事を捉える場合においても、虚妄分別によって捉える場合と無分別智によって捉える場合とでは見方が異なってくることをあらわしている。

三性説について論じられるとき、そこにあわせて論じられるのが「三無性（tri-niḥsvabhāva）説」である。これが論じられる背景には、三性説が、それより以前の仏教の中心であった空の思想と相反する関係にあるわけではないことを明らかにしなければならないという要求があった。三無性説は、三性説における三つの性が真実であるといっても、実体視されているわけではないということを明らかにしている。三無性説は、三性の各々がただちに「無自性（niḥsvabhāva）」であること、すなわち空の意味を担っていることを説く。遍計所執性、依他起性、および円成実性の各々について、空の意味を担っていることは次のように説明される。[33]

第一に遍計所執性に関する無自性については「相としての無自性（lakṣaṇa-niḥsvabhāva）」と説く。すなわち、遍計所執性は妄想であるという理由から、そこに描かれた対象は全面的に空であり非存在であるということである。第二に依他起性に関する無自性については「生起という点で無自性（utpatti-niḥsvabhāva）」と説く。すなわち、あらゆる事物は他によっており、みずからのみで生じみずからのみで存在するものではありえないため空、すなわち縁起であるということである。第三に円成実性に関する無自性については「勝義的に無自性（paramārtha-niḥsvabhāva）」と説く。勝義とはすぐれた対象、真実の相をあらわすため、[34]このような無自性とは妄想された世界の否定を通じることによって、本来存在する空性があらわれるという意味である。

このように、三無性説によって、三性説は空の思想と相容れないのではないかという疑惑を防ぐことができる。高崎直道によれば、「無自性義に勝義と世俗の両面の視点を加えたのが三性説の原意であった」という。[35]さらに横山紘一は三性を「場」ということばをつかい考察する点で特徴的である。[36]遍計所執性の場とは「私たちが言葉で語り、語られたものが有ると考え、しかもそれに執着をして迷い苦しんでいる場」であり、依他起性の場とは「言葉を離れ思いを離れ成りきって生きていく場」であるという。「成りきる」ことについて横山は、正座をしていて足が痛くなる場合に「痛みに成りきってみる」という比喩をつかって説明する。すなわち、無理をしてであっても我を無くすることを説いているのである。「痛いことに成りきり、成りきっていったときに、その痛みというものが自分と対等になってい」くことこそが依他起性の場であると捉える。さらに円成実性の場は「仏の世界」、「覚った人間の生きる世界」ということができるという。このような三つの場に人間は生きる可能性をもつという。

鈴木大拙は以上の三種の認識について、遍計所執性を「最も原始的かつ未熟なもの」と指摘し、それは「感覚が認知する物質存在だけがすべてであって、エゴイスティックな妄想や幼稚なリアリズムの軛を振り切ることができない」ものであるという。[37]そのような認識をもつ人にとって、神は「超越的で人と同じ形をとっており、いつまでも気まぐれに世界の事物に干渉したがる」存在として映る。[38] 鈴木によれば円成実性こそが「知性の力ではどうしてもそれを探ることができないという口実のもとに、避けて通っている領域」に飛び込むものであり、「法身の知的精髄から直接出てくる超越的智慧」であり、「疲れ切ってしまった心も、ついにはこの中において神々しく輝く光を浴びて全き安息を得ることができる」ところであるという。[39]

第三節　『摂大乗論』における三性三無性説

次に、三性のそれぞれの相互関係について論じられる箇所を、『摂大乗論』(*Mahāyānasaṃgraha*) の中から引用したい。『摂大乗論』とは大乗の総合を意図するものであり、[40]「アーラヤ識を含む心意識説と三性説と唯識観に基本をお」いたものである。[41]『摂大乗論』は「アーラヤ識を中心に三性説を組織的に論じたもの」のはじめだという。[42] 龍樹や『般若経』がアビダルマを否定したのに対して、『摂大乗論』は大乗仏教とアビダルマとを総合することをみずからの役割にしたと高崎は指摘する。[43] 岡野守也は『摂大乗論』の基本主題を「人間は、心の奥底から変容し、様々な煩悩を超えることができる」というものであり、「究極の人間成長論」であると評価する。[44]

このような評価をうけている『摂大乗論』の一節を以下に引用しよう。

三種の実存（三自性）は、そのあり方が相互に異なるのか、それとも異ならないのか。――異なるのでもなく、異ならないのでもないと言うべきである。他に依るという実存が、ある観点では他に依るものなのであり、ある観点ではその同じものが妄想されたものであり、さらにある観点では、その同じものが、完全に成就されたものでもある。(45)

以上の説明からわかるように、三性はそれぞれが別立されるものではない。三性説はこのように、三つの自性がそれぞれ別立されるものであるのではなく、いわば即非的自己同一という語であらわされるような相互関係をもつところにその理論的特徴がある。三性説が未だ存在していなかった時代のインドにおいては、苦と覚の二者が背反して立てられるものの、それをつなぐ第三のモメントについては具体的な概念として規定されていなかった。したがって、その当時、苦から覚への移行は、直観的におこなわれるしかなかった。このような状況において、三性説によって苦と覚の根拠となる第三のモメントである依他起性が立てられたことは画期的なことであった。

唯識説においては、苦の自己は「虚妄分別（abhūtaparikalpa）」をもつ自己と捉えられて、(46)他方で覚の自己は「無分別智」をもつ自己と捉えられる。三性説との関わりからいえば、前者は遍計所執性の世界を捉える自己であり、後者は円成実性の世界を捉える自己である。このように、三性説と識の機能とを結びつけた論典として『中辺分別論』（*Madhyāntavibhāga*）がある。この論典は無著が弥勒菩薩から伝授されたものとして伝えられる。(47)

三性説を譬喩によって説明する『摂大乗論』の第二章における「夢などの譬喩」と「金土蔵の譬喩」について、以下に検討しよう。

夢のなかでは、物は実在しないにもかかわらず、何かを認識していることのみ〔すなわち唯識〕において、色・形、声、香り、味、感触、あるいは家、林、土地、山など、種々なる物の形があらわれるのである。しかし決してそこに実物があるのではない。(48)

ここに挙げた「夢などの譬喩」における夢の中の人間は、まだ智に転じていないアーラヤ識の人間をたとえたものである。他方で覚の人間を夢からさめた人間として想定していることが『摂大乗論』の以下の指摘によって明らかになる。『摂大乗論』では「夢の譬喩」につづけて以下のように説く。

夢を見ていてまださめていない者にとっては、〔それが夢であるとの知覚は〕生じないが、さめている人にはそれが生じる。それと同時に、まだ真実の智によってめざめていない者には生じないが、真実の智にめざめた人には、それが生じている。(49)

同じ自己であっても、夢をみている状況にあるときと、夢からさめたときとでは、その自己の捉える世界はまったく異なる。またこのことをいい換えれば、夢の中の自己と夢からさめた自己とは、たとえその知覚がまったく異なるものであったとしても同一の自己である。夢の中の苦は、それが夢であることを知らない夢の中の人間にとっては切実な苦であっても、夢からさめた人間にとっては、単なる夢の中の出来事である。古来、人生を泡沫と捉える文化を一面にもつわが国においては、このような見方は比較的馴染みやすいものであろう。

さらに、夢をみている状態からめざめへの移行それ自体に焦点を当てるのが、次に挙げる「金土蔵の譬喩」である。

例えば、金が含まれている土塊においては、地の要素と、土塊と、金との三つのものが認められる。そのなかで、地の要素〔すなわち金鉱としてあること〕においては、〔本来は〕存在しないはずの土塊が見えており、〔本来〕存在する金は見えていない。しかるに〔この金鉱が〕火に焼かれたとき、土塊は姿を消し、逆に金があらわれる。地の要素が土塊としてあらわれているときは、正しくなくあらわれているのであり、金としてあらわれているときは、真実としてあらわれているのである。このことによって、地の要素は〔土塊と金との〕二分あるものである。(50)

火によって焼くということが、ここでは土塊の消滅であり金の出現のきっかけとして説明されている。火、土塊、金がそれぞれ何をたとえたものであるのかについて、『摂大乗論』において「金土蔵の譬喩」の真意として次のように説かれている。

〔識の〕表象が無分別智の火によってまだ焼かれていないときには、その表象は実在ではない妄想された実存としてあらわれてはいるが、実在なる完全に成就せる実存としてはあらわれない。もし表象が無分別智の火によって焼かれたならば、その表象は実在なる完全に成就せる実存としてあらわれているのであって、誤った妄想された実存としてあらわれるのではない。[51]

土塊は遍計所執性をたとえたもの、金は円成実性をたとえたものであり、両者がもともとひとつのものであったという点に依他起性の意味合いが込められている。火は無分別智をたとえたものであり、この火によって焼かれるとき、地の要素は転じてそのままそれが金となる。この譬喩は、遍計所執性、依他起性、および円成実性の相互関係を如実に示す。無分別智を得ることによって妄想ではなく真実がみえてくる。ここでいう無分別智は具体的にいかなるものなのだろうか。

無分別智はアーラヤ（ālaya, 阿頼耶）識が消滅したところにあらわれる。無分別智とは「能所、主客の判別をしない智であり、能所一体の智」である。[52] この智については瑜伽行派では四智として捉えられ、また密教ではこれに追加して五智が立てられた。四智については、「眼識、耳識、鼻識、舌識、身識」の五識が転換したところに生まれる「成所作智」、第六識である「意識」が転換したところに生まれる「妙観察智」、第七識である「末那識」が転換したところに生まれる「平等智」、アーラヤ識が転換したところに生まれる「大円境智」と説明される。[53] またアーラヤ識とは「一切種子心識（sarvabījakacitta）」とよばれ、「過去の業（無明に染せられた）を種子として貯える場（ālaya, 宅、蔵）」であり、[54]煩悩と結びつけて捉えられる概念である。「虚妄分別」によっては、対境が「顕現（pratibhāsa, 似現）」されるが、虚妄分別には無分別智になることが要求されており、それは「識が智に代る（転識得智）」、あるいは「識が識でなくなる（境識倶泯、無心）」とよばれる。[55]またそれは「大乗廻心の体験」、「世間的知識を転じて、煩悩のない無漏の超世間的知識となすこと」ともいわれる。[56]三性三無性説との関わりでいえば、「依他起性を中心にして遍計所執性と円成実性が統一されるものである」ということである。[57]

仏教哲学者の早島理（一九四六―　）によって「菩薩道とは、絶えざる転換の道」と指摘され、また「修行のプロセスそのものが、よりどころの転換の鎖のごときもの」とたとえられるように、[58]さらに「空の実践は一回かぎりのものではなく、転依もまた一回性ではありえない」といわれるように、[59]円成実性は一度獲得すれば永遠にたもたれるようなものなのではないのだろう。そして一方では、われわれにアーラヤ識がある限り、いつからでも何度でも円成実性を獲得する機会があることも唯識説は保証しているのである。

さいごに、本覚思想に対して「何もしなくても、生まれたらそのまま仏の子」という捉え方があるが、三性三無性説を検討して明らかになるように、アーラヤ識を転じなければ仏ではないということを指摘しておきたい。岡野も『摂大乗論』を考察する中で、「『死んだらみな仏』ではなく、死んでも生きても、根底は仏なのだが、仏としての目覚めを獲得して、本当の言葉の意味のブッダ＝目覚めた人になるには、個々人の精いっぱいの努力が必要」と指摘している。[60]三性三無性説は人間の覚の可能性を前提にする如来蔵思想に補強されながら、苦から覚への移行の構造を論理づける点で意義ある思想である。

註

（１）高崎直道「新装版はしがき」（高崎直道編『唯識思想』春秋社、二〇〇一年）二頁（第一版は一九八二年）。引用中の梵語については、引用者がつけ加えたもの。
（２）同論文、一頁。引用中の梵語については、引用者がつけ加えたもの。
（３）沖和史「Ⅵ　無相唯識と有相唯識」（高崎直道編『唯識思想』春秋社、一九八二年）一七九頁。
（４）高崎直道「Ⅰ　瑜伽行派の形成」（高崎直道編『唯識思想』春秋社、一九八二年）二頁。
（５）竹村牧男「Ⅸ　地論宗・摂論宗・法相宗」（高崎直道編『唯識思想』春秋社、一九八二年）二七〇頁。
（６）註（４）に同じ、三頁。
（７）同上。
（８）高崎直道・ひろさちや『なぜ仏教で人は救われるのか　超現代仏教論』三水舎、二〇〇七年、九九頁。
（９）高崎直道『如来蔵思想の形成――インド大乗仏教思想研究』春秋社、一九七四年、一七二頁。
（10）勝呂信静「Ⅲ　唯識説の体系の成立――とくに『摂大乗論』を中心にして」（高崎直道編『唯識思想』春秋社、一九八二年）八七頁。
（11）同書、八四頁。
（12）註（４）に同じ、一四頁。
（13）註（10）に同じ、七九頁。
（14）工藤成樹「Ⅶ　中観と唯識」（高崎直道編『唯識思想』春秋社、一九八二年）二一九頁。
（15）長尾雅人『インド古典叢書　摂大乗論　和解と注解　上』講談社、一九八二年、二七六頁。
（16）横山紘一『唯識でよむ般若心経――空の実践』大法輪閣、二〇〇九年、三二八頁。
（17）同書、三三〇頁。

(18) 同書、三三一頁。
(19) 同上。
(20) 名言と意言との関係の要約については早島理「V 唯識の実践」(高崎直道編『唯識思想』春秋社、一九八二年)一六八―一六九頁。
(21) 同論文、一七〇―一七一頁。
(22) 岡野守也『大乗仏教の深層心理学『摂大乗論』を読む』青土社、一九九九年、一一六頁。
(23) 註(16)に同じ、四〇三頁。
(24) 鈴木大拙著、佐々木閑訳『大乗仏教概論』岩波書店、二〇〇四年、七九頁。Daisetz Teitaro Suzuki, *Outlines of Mahāyāna Buddhism*, London, Luzac and Company 1907 の日本語訳である。
(25) 同書、七九―八〇頁。
(26) 註(16)に同じ、四〇三頁。
(27) 同書、四〇二―四〇三頁。
(28) 註(24)に同じ、八〇―八一頁。
(29) 同書、八一頁。
(30) 註(10)に同じ、九五頁。
(31) 註(24)に同じ、八一―八二頁。
(32) 同書、八二頁。
(33) 三無性説の説明に関しては、長尾雅人の「第一部 第二章 大乗仏教における存在論」(三枝充悳編『講座仏教思想 第一巻(存在論・時間論)』理想社、一九七四年、八九―九〇頁)を参照。
(34) 註(4)に同じ、一六頁。
(35) 同論文、一八頁。

(36) 註(16)に同じ、二四七―二四八頁。
(37) 註(24)に同じ、八三頁。
(38) 同上。
(39) 同書、八四頁。
(40) 註(４)に同じ、二三頁。
(41) 同論文、二四頁。
(42) 袴谷憲昭「Ⅱ　瑜伽行派の文献」(高崎直道編『唯識思想』春秋社、一九八二年)六二頁。
(43) 註(４)に同じ、二五頁。
(44) 註(22)に同じ、九頁。
(45) 註(15)に同じ、三三三頁。
(46) 虚妄分別と無分別智は、それぞれ「世俗智(vyavahārajñāna)」と「勝義智(paramārthajñāna)」ということばで対比的にあらわされることもある。
(47) 註(４)に同じ、三一頁。
(48) 註(15)に同じ、二八六頁。
(49) 同書、二八七頁。
(50) 同書、三七七頁。下線は引用者による。
(51) 同書、三七八頁。
(52) 註(４)に同じ、二九頁。
(53) 吉田宏哲「Ⅷ　瑜伽行唯識から密教へ」(高崎直道編『唯識思想』春秋社、一九八二年)二三六頁。
(54) 註(４)に同じ、二七頁。
(55) 同論文、二九頁。

(56) 註(14)に同じ、二二七頁。
(57) 註(10)に同じ、九九頁。
(58) 註(20)に同じ、一七三頁。
(59) 註(14)に同じ、二三二頁。
(60) 註(22)に同じ、二七五頁。

第二章　大乗仏教における「平等」と「差別」
――仏教における女性差別の問題を中心に

第一節　「真如法身」としての平等と「変化別異」としての差別

仏教は思想としてその基礎を固めながらも、実際生活においてはインドの身分制であるカースト制を乗り越えようとした。また後の世にあらわれた大乗仏教は、出家僧だけでなく在家信者の救済に関心をもった。このような歴史をもつ仏教は、平等の思想をその要としていると一般的に捉えられる。釈尊が生存した当時の仏教教団では、教団内部における席次は出家後の年数によって決定したと知られるように、出家すると同時にもはやいかなる階級にも属さず、いかなるゴートラ（氏姓）にも属さなかったようである。(1)当時の教団においては、出目によらぬ理想的な平等主義が実践されていたようにみえるが、平等と差別をめぐる問題について、歴史的な観点からだけでなく、さらに思想的な観点から詳細に検討してみたい。

仏教、とりわけあらゆるものの仏性を提唱した如来蔵思想、出家者だけでなく在家者による成仏をも保証するという流れを汲むところの大乗仏教は「平等」と「差別」についていかに捉えているのだろうか。大乗仏教における差別と平等について検討することは、今日のわが国の社会における平等と差別について考える上でも意義があるだろう。さらに大乗仏教における平等と差別の意味を明らかにすることは、ひいては「覚」の内容の一側面を明らかにすることにもつながるだろう。本章ではとりわけ女性差別に焦点をあてながら、大乗仏教における平等と差別の捉え方について検討する。

大乗仏教に独特の平等と差別の意味を明らかにする前に、われわれが日常つかうところの意味について取りあげたい。まず、「差別がなくみな一様に等しいこと」をあらわすときに、(2) われわれは平等という語をつかう。「平」と「等」はもともと、それぞれ、水草が水面に平たく浮かぶ水草のかたちを象ったもの、竹のふだを揃えるという意味をもつものである。(3) 他方、「わけへだて」や「区別すること」をあらわすとき、(4) われわれは「差別」という語をつかう。現代、わが国では平等と差別は対義語としてつかわれることが一般的であるが、仏教的術語としての平等と差別は、はたして現代的な用法とおなじように明確に対義的に捉えられうるものなのだろうか。覚において、平等と差別はいかに捉えられうるものなのだろうか。

平等は呉音で「ビョウドウ」とよむことからも知られるように、もともと仏教の観念であるという。(5) 平等は梵語の samatā を訳したものであり、その意味はたとえば以下のように分類することができる。(6) 第一に人法国土修行から諸仏に至るものまでのものが皆平等無別であるという理を説くもの、第二に一切法が自性寂静無生無滅であり、言説や心念の相を離れるために畢竟平等であるという意味を明らかにするもの、第三に菩薩の修行に関する平等の義、第四に凡聖が一切皆平等であり差別がないという意味である。より簡潔にいうならば、仏教的術語としての平等について、「無別、自性寂静無生無滅、言説や心念の相からの離脱、菩薩の修行との関連、凡と聖の一如」とあらわすことができよう。

仏教思想の文脈では、平等とは単に表面的にみえる部分での等しさを意味するのでない。平等とともに存在する差別の存在をも認めた上で、差別の中の平等の存在を明らかにしている。たとえば、凡と聖とのあいだにある差別を認めながらも、両者の本質的平等を認めるのが仏教的術語としての平等である。鈴木大拙が「仏教では辻褄合わせの神という考えは禁じられている」と指摘するように、また「現世において我々が道徳的に苦しんだり喜んだりすることはすべて、地上に生命が現れて以来ずっと蓄積されてきた業によるもの」と仏教では捉えられるように、また「先にまかれていないものが、後に刈り取られることなど決してない」という意味で、平等があるといえよう。(7) このような平等は言説や心念からの離脱によってのみ、みられうるものであり、菩薩の修行によって凡も聖になりうることを保証するという平等である。仏性をもつという点で凡と聖は平等であるといわれうるのである。

つづいて仏教的術語としての差別に視点を移したい。差別は「しゃべつ」と音読し、梵語の viśeṣa を漢訳したものである。その意味として「区別、相違、種類、特殊、自性に対するもの、平等に対するもの、それぞれの物が異なる独自の姿をもって存在する姿」と説明される。(8)「平等に対するもの」という表現からは、差別が平等の対義語としてもちいられうるように読み取れるが、「異なる独自の姿」という表現には、われわれが日常、差別という語をつかうときに想定するような否定的なニュアンスは必ずしも含まれない。仏教的術語としての平等と差別との関連性については、それらが明確に対義的なものであるというものではなく、同時に存在しうるものとして捉えられるといえよう。

仏教的術語としての平等を「真如法身」として、差別を「現象諸法」としていい換えるという仕方があるように、[9]「真如法身」と「現象諸法」という語に置き換えてみることによって、われわれが日常使用する平等と差別の意味からの観念的束縛からまぬがれることができるだろう。

第二節　空と如来蔵と平等の関係性

以上に検討してきた平等と差別の概念は、もちろん仏教思想の流れの中の概念である。釈迦が説いたとされる「四諦」や「十二支縁起」の思想をもとに、仏教は次第に派閥に分かれていった。初期仏教の時代から大乗仏教に時代へ移りかわったその時代に着目したい。大乗仏教には中観派と瑜伽行派（Yogācāra）が二大学派として知られ、後者は「唯識（vijñapti-mātratā）」を中心に説く一群と、「如来蔵（tathāgatagarbha）」を中心に説く一群からなる。中観派はあらゆるものを空とみる思想、瑜伽行派は外界の諸対象を空と捉えながらも仏性を実有であるとみる思想である。したがって、両派閥を相反するものと捉える仕方もあるが、後者は前者の空の思想を受け継ぎながら、方便として仏性の実有を説いたと解釈することが可能である。

空の思想として名高い中観派の思想は、大乗仏教創始者の龍樹（Nāgārjuna，一五〇―二五〇年頃）によってはじまる。龍樹は「相依（anyonyāpekṣā, parasparāpekṣā）」の概念を提唱して、縁起の思想をあらわし、ものの本性が固定的ではなく「相互に依存していること（pratītyasamutpāda）」を強調した。大乗仏教研究者の山口益（一八九五―一九七六）は、空と平等を同一義としてみており、中観派のいうところの「法性（dharmatā）」は平等性といい換えられると指摘する。[10] 空の思想を具体的に論じるものに龍樹の『廻諍論』

があり、(11)そこで論じられる実体論の否定は、表題があらわすように「諍《いさか》い」を退けることを可能とするものであるとされる。龍樹の空の思想が実体を否定する一方で、仮としての世界の相を肯定するものであることについて、以下の山口による指摘がある。

仮は、われわれの存在が縁起においておかれている場合の、われわれの存在の本当《まこと》のあり方である。よって縁起におけるわれわれの存在のあり方は、実体としては無であり、しかし仮においてあるのである。(12)

鍵概念となる「仮」は、ここで「仮設（prajñapti）」の意味でもちいられている。さらにここで誤解してはならない点として、ニヒリズムに陥ってはならないということを次のように指摘する。

ややもすれば、『この世は仮の宿なり』といういい方の人生観となり、そういう人生観に導く仏教は人間性を重要視しないとして、非難される柄《たね》になっているようなこともあるが、しかし『仮設』の意味のあり所は、縁起ならざる存在の、先住論や相応論的存在の、すなわち、一般に物ありと考えられている考えの批判という点にある。(13)

この指摘にのっとりながら、空や縁起の思想を実践のレベルに下ろして考えるとき、「この世は仮の宿」

であるという理由から、この世に悪い意味で執着する必要はないという思考が可能となる。すなわち我執を否定して「清浄（viśuddha）道」を歩むということの可能性がひらける。「世界に存在するものに本来、対立や差別はなく、対立や差別があるように見ているのは人の利害や我見にもとづいているにすぎない」ということである。[14] この世における差異という意味での差別に執着することなく、清浄道をだれもが歩むことができるという点に平等があり、その平等を表面化して論じたのが、だれしもに本質的に仏性があり、尊厳性があるということを説く如来蔵思想であるといえよう。

「一切の差別相を包含し、それをひとつの全体の相に統合するという意味の平等性をあらわす」とされる「総法」、あるいは「総相」という概念は、大乗仏教の唯識説の経典のひとつである『摂大乗論』の中にあるということである。[15]

第三節　フェミニストたちによる仏教への批判の妥当性

以上に検討してきたように、表面的な区別を認めながらもその奥にある可能性という意味での平等を仏教が重視してきたことがわかるが、他方で一九八四年には「研究会・日本の女性と仏教」が発足し、『シリーズ・女性と仏教』が刊行され、[16] 近年のフェミニストの中からは仏教が女性差別的な思想ではないかという批判が提示されており、[17]「女性と仏教・東海ネットワーク」や「女性と仏教・関東ネットワーク」として、仏教教団内部に生きる女性たちが現代女性による仏教理解についての声をあげはじめているという。[18]

まず女性学研究者の大越愛子（一九四六―　）が問題として取りあげるのは、仏教が説くところの「女人五障説」や「変成男子説」についてである。[19]女人五障説は、女性が生まれながらにして、「梵天王、帝釈天王、魔王、転輪王、仏」になることができないことを示すものであり、変成男子説は、女性は男性に変化することによってしか成仏することができないことを説くものである。女人五障説は仏教文献として最古層に属するといわれる経典の中には存在せず、比較的新しい層に属する経典にだけあらわれていることから、「男僧たちが口伝するうちに付加した」ものが女人五障説であったと論じる研究もある。[20]変成男子説は「女身を嫌悪して捨てる」ことを意味しており、女身を厭い捨てることを意味する。[21]

このような女性蔑視の説における女性を、比喩的なものとして捉える視点をもつならば、これらが女性を貶める思想であると単純に結論づけることはできない。すなわち、「変成男子の実際はおそらく男僧の姿になること、つまり剃髪し、袈裟を着て、出家することであった」のであり、「性転換の意味で書かれてあるのは、男僧の願望であって、実際にそのようなことは不可能」という見方もある。[22]

女性はどのような特徴を比喩的にあらわすものとして捉えられていたのだろうか。女性がどのような特徴をもつものとして捉えられていたのかについては、「変成男子の方法」についての検討を整理してみるとおのずと浮かびあがってくる。たとえば、嫉妬やけち、へつらい、怒り、うそ、悪口、むさぼり、慢心、といったことを克服することにより男子となることができると説く『大宝積経』、『転女身経』などがあることが指摘されていることからも、[23]女性が嫉妬をはじめ克服されるべき特徴をもつものとして捉えられていたことがわかる。たとえ女性ということばが嫉妬やけちなどの性格をもつ人を一言で捉えるような比喩であったとしても、また『涅槃経』でいわれるように、女性を「仏性が自分に内在することを自覚できない」ものと捉えるとしても、[24]大越は、仏教の言語がこのように方便とされることによって、その恣意性が自己肯定されてしまうこと、言語の倫理性が問われないということを危惧しており、[25]彼女にとっては女人五障説や変成男子説が比喩的な説であるという説明は何の問題解決にもならないようである。

また源淳子（一九四七―　）は仏教が慈母という観念をわが国に植えつけたことに対して以下のような批判的見解を述べる。

『慈母』が母性の女性像であるという特色は日本的なものである。そして日本の女性はこの母性幻想に縛られて息詰まる思いをしたり、逆にこの幻想に酔うことで、母性的なものを発揮できない女性をさげすんで女性が女性を分断した。[26]

このように源は、わが国において、女性は女性のままでは社会に認められず、慈母になってはじめて認められるという考え方を女性自身が内面化されてきたこと、地獄や不浄という概念によって女性は徹底的に陥れられ、そこから救われるためには、女性は母になって立派な息子を育てる生き方しか選べないというイデオロギーが形成されたことを嘆いている。母は息子を立派に育てあげることによってのみ救われることができ、それが娘であっては救われないというところに、わが国の父権的文化と根強く結びついた仏教思想をみてとることができる、としている。

以上、大越と源によるフェミニズムからの仏教に対する批判をいくつか取りあげてみた。これらの見解に共通するものは、彼女たちがその「あとがき」の中で「いかに個の自立を阻み、女性のセクシュアリティを含むあらゆる女性の主体を無視し、疎外し、排除してきたか」と批判的に述べることからもわかるように[27]、近代西洋的な自立した個人主義の観点を是とする視点から論じられているということである。

男女の性差も現実にみられる差異のひとつであり、「変化別異」の一相である。他方でその奥底にはあらゆるものに仏性があるという「真如法身」がある。仮としての差別と真としての平等という仏教の見方は、フェミニストを含めた近代西洋的な自立した個人主義の立場からの批判によって揺らぐことはないようである。

仏教学研究者の田上太秀（一九三五―　）は、「仏教の性差別は仏教本来の思想にあったのではなく、これを伝えた男性の心にあった」と論じている[28]。仏教の経典にみられる女性差別や女性蔑視は「女性だけにある特徴ではなくて、男性にもある」にもかかわらず、「なぜか女性だけが一方的に差別、蔑視された表現が出てきているのは」、「男性によって経典が伝えられ、そして作られてきたことによる」というのが田上の見解である[29]。数々の経典が作成されはじめた当時のインドにおいて、「仏教教団は男の組合であり、社会であった」のであり、「尼僧の数がないに等しいほど少なかった」という[30]。その理由として、佐々木閑（一九五六―　）によれば、律のひとつに、「僧侶になるためには、十人以上の同性の僧侶の許可をえなければならない」というものがあり、これが女性の場合には女性十人に加え、さらに男性十人の許可をえる必要があるという付加条件も加わるため、僧団の人数が減るにつれて、二度と復活できなくなるという欠点があるという。[31] そしてこのようにして、千年以上にわたってスリランカ、タイ、ミャンマーには正式な尼僧がいないという。[32]

具体的に女性に対する蔑視の内容をみると、たとえば田上は、インドのことばには男性中心の考え方があらわれていると指摘し、たとえばサンスクリットの男性をあらわす男性名詞「プンス（puṃs）」にはもともと「人間」や「（最高の）霊」という意味があり、男性をあらわす「プルシャ（puruṣa）」ももともと宇宙最初の人を意味することばであったと指摘する。[33] すなわちインドの古代言語からは「女性が男性の陰に隠れている」こと、「宇宙創造の原理を男性と考えた」ことを読み取ることができるのである。[34] 田上は古代インド文献にみられる性差別として、『マヌ法典』の中で女性が「種の保存、存続のために必要不可欠の『性』」であって、「未婚の女性ではなく、妻として母としての女性が尊敬されている」ことを指摘し、[35] 『リグ・ヴェーダ』の中からは「女心は移ろいやすく、信用ができないこと」、「女の知性は浅はかであること」、「女は外見だけに興味があること」などを女性の性質と考えられていることが読み取れるとしている。[36]

このようなインドの歴史上に仏教経典があらわれはじめると、そこにも女は不浄であるという考え方が入りこみ、「最初期には修行の妨げになるという意味で女性の不浄を考えていた」のが、大乗仏教の時代になるにつれて女性の「身体そのものが不浄だ」という表現が多くなった。[37] 「男僧たちが出家の生活に入ったことは、すべての世俗的雑事から逃れることであったが、そのなかでもっとも重きをおいたのは女性からの逃避であった」にもかかわらず、[38] その女性にまで出家をされてしまうことは男僧たちにとっては喜ぶべきことではなかったようである。

また仏典の中には「女は性悪なもの」という蔑視の表現もあるという。[39] たとえば『増一阿含経』には「女性は臭く、不浄で、悪口を叩き、浮気で、嫉妬深く、欲深く、遊び回るのが好きで、怒りっぽく、おしゃべりが多く、言うことが軽い」ということが書かれていると指摘される。[40] 尼僧の誕生を男僧たちが歓迎していなかったことについては、『増支部経典』に記される尼僧に対する八つの条件の存在が物語ると田上は指摘する。[41] 八つの条件を要約すると、「どれだけ出家がはやかった尼僧であっても新しく出家した男僧に対して敬意を表しなければならない」、「尼僧は男僧がいる場所でしか雨期中の定住生活をしてはならない」、「尼僧は見習い期間中に特別な戒をまもり通さなければ、出家が許されない」、「なにがあっても尼僧は男僧をののしったり非難してはならない」、「尼僧は半月ごとに男僧から戒律の反省と説教を受けるべきである」などといったものによって構成される。このように「尼僧は男僧の管理のもとで修行し、生活していたと想像される」といい、尼僧には男僧よりも百ほど多く戒律が課されていたという。[42]

他方で、仏教の中の男女観について、仏教は女性差別的ではないという観点から研究をすすめる植木雅俊（一九五一―　）によれば、『テーリーガーター』（*therīgāthā*）の中には「わたしは安らぎを得ました」、「わたしの心は解脱しました」、「わたしはブッダの教えをなしとげました」など、みずからの覚の体験を誇って語る尼僧たちのすがたを読み取ることができるとし、歴史的には変成男子にふれる仏典が減少する一方で、女性を主人公とした説法を主題とする『勝鬘経』の出現があったと指摘しており、[43] これらの指摘をみると仏教を女性差別的な思想であると結論づけることが早計であるとも考えられる。『テーリーガーター』の中の尼僧のことばには「女性であることに何の引け目、卑屈さ、みじめさが見られない」とも指摘されている。(44)

さらに植木は、「法華経常不軽品第二十」に説かれる不軽菩薩の振る舞いや、『法華経』における「善男子・善女人」というよびかけから、男女平等の思想を読み取っている。不軽菩薩が男性に対して「尊者がたよ」(āyuṣmanto)、「私はあなた方を軽んじません〔……〕」とよびかけるのとおなじように、女性に対しても「ご婦人がたよ」(bhaginyo)、「私はあなた方を軽んじません〔……〕」とよびかけることから、(45)このような不軽菩薩の振る舞いの根底には「一切衆生に仏性あり」という人間観(不軽の解)があり、その実践はついには勝利し、「不軽菩薩を初めのうちは悪口・罵言していた人たちも、後には信伏随従して不軽菩薩を仰ぎ尊ぶようになった」のであり、「忍辱地に立った不軽菩薩の振る舞いの勝利の姿を示している」と論じている。(46)

善男子・善女人というよびかけについては、大乗仏教の頃から多くつかわれだしたものであるという。それまで「四衆」、すなわち「比丘(bhikṣu, 食べものを乞う男性＝男性出家者)」、「比丘尼(bhikṣuṇī, 食べものを乞う女性＝女性出家者)」、「優婆塞(upāsaka, そば近く仕える男性＝男性在家者)」、「優婆夷(upāsikā, そば近く仕える女性＝女性在家者)」と分けてよびかけていたのを、大乗仏教の頃からはそこに「行ないの立派な人」というニュアンスを付けるようになり、「在家と出家の差別を前提」としない方向へとかわっていった、という植木の見解がある。(47)『法華経』の中には「善男子・善女人」はさらに「法師(dharma-bhāṇaka,

説法者）」という術語へと発展させようというプロセスが読み取れるという。[48]

以上、フェミニストたちによる仏教への批判的立場は、仏教の歴史的な展開の中で女性たちが貶められてきたことが事実としてあったという意味では妥当性があるが、仏教思想が女性差別的な思想であるという意味でうけとめるならば、それは早計である。仏教界はこのような仏教思想に対するフェミニストたちによる批判に対して拒否反応を示したようだ。[49] 田上が指摘していたように、釈尊の仏教思想の中に女性差別的な思想があったのではなく、釈尊が生きたインドにおいては男性優位の文化が根づいており、仏教思想も男性によって担われるうちに、女性蔑視的な要素を入れこまれてきたのである。しかしながら、『勝鬘経』や『法華経』などの大乗仏典には女性差別的な要素がみられず、むしろ女性の成仏をおしすすめるような表現もみられた。これらの経典こそ、第一節で検討してきたように、「真如法身」としての平等と「変化別異」としての差別という仏教思想を表現したものといえるだろう。

第四節　男性原理と女性原理の統合

仏教の女性差別的な側面について批判的にみている源によって、男性原理と女性原理の統合という、以下に引用するような積極的な視点が提出されていることは興味深い。

『空』の考え方は性差の否定的側面に近いし、性差の肯定的側面については、生命の絶対的肯定という点から宇宙的生命として捉える場合に考えられるだろうが、男性・女性という単純肯定ではなく、両性具有的存在として、男性原理・女性原理の統合というかたちの肯定になる(50)。

男女間の差別を単純に肯定するだけでなく積極的に生かすことの可能性について、源は「両性具有的存在」、あるいは「男性原理・女性原理の統合」という表現を提案する。両性の統合を仏教思想の中にみいだすとき、それは「智慧」と「慈悲」の統合というようにあらわされるという。「智慧（知的な道、聖道門）」は出家の道であり、男性原理をもつ者が自然へ回帰する方法である。他方で「慈悲（情的な道、浄土門）」は在家のままで自然と一体となる道であり、どちらかというと女性原理にもとづくと源は論じる(51)。男性原理と女性原理をそれぞれ出家と在家とに対応させてみる視点は源独自の興味深いものであるが、男性原理と女性原理をそれぞれ智慧と慈悲とに対応させてみる彼女の視点からはさらにそれ以上の意義をみいだすことができるだろう。

仏教が智慧と慈悲とを両輪とする宗教であることについては一般的に知られている。智慧と慈悲を兼ね備えたものがすなわち仏であると捉えられている。したがって、仏をめざす仏教思想にとって、自己における男性原理と女性原理の統合、いい換えれば智慧と慈悲の円満が今後考察すべき具体的課題となる。慈悲については、インド哲学者であり仏教学者の中村元（一九一二―一九九九）によって、「この観念はかつては神道や一般文芸にもとり入れられ、日本人の心性に大きな影響を与えたもの」でありながら、「それは単に過去のものではなくて、未来の人類の生活のために指針としての意味をもつ」と指摘されているように、[52]古くて新しい観念である。また智慧についても、それは現代の科学となじまないものではなく、科学と仏教は「両者の根本的世界観が同じ次元にある」ことに確信があるとされ、「それを認識することは、自分自身が生きる世界の奥行きをとても深めてくれる」といわれるように、[53]古いようで新しい概念である。仏は男性原理と女性原理を統合したものであるという考え方や、仏教における差別と平等の観念の中には、差別をするという考え方は入りこまないはずである。

しかし「仏教の教理に差別事象ととれるものは確かに存在」したのであり、一方で「これを、解釈によって回避できるとする方法もまた否定はしない」という立場が、植木の検討にみてきたようにありえた。また可能性という観点からは、「仏教にとっても、社会にとっても、この現実を理解し、改善していくために、ジェンダーという概念が有効となる」のであり、それと同時に「仏教の持つ理念が、ジェンダー平等な社会をめざすためにどのように有効か」が問われている現在がある。[54]差別的な思考がめばえそうな危険性があるときにこそ、仏教のもつ平等（samatā）と差別（viśeṣa）の概念について、「覚」の諸相という観点から改めてみなおす作業は有意義であろう。

註

（１）中村元『［新版］宗教における思索と実践』株式会社サンガ、二〇〇九年（初版は一九四九年）、一〇四頁。

（２）西尾実他編『岩波国語辞典　第五版』岩波書店、一九六三年、九九八頁。

（３）小川環樹他編『新字源　改訂版』角川書店、一九六八年、三二一・七五一頁。

（4）西尾実他編『岩波国語辞典　第五版』岩波書店、四四九頁。
（5）註（1）に同じ、一〇〇頁。
（6）望月信亨『望月仏教大辞典　第五巻』世界聖典刊行協会、一九三三年、四三五八―四三五九頁。
（7）鈴木大拙著、佐々木閑訳『大乗仏教概論』岩波書店、二〇〇四年、一六六頁。
（8）中村元『広説仏教語大辞典　中巻』東京書籍株式会社、二〇〇一年、七四六頁。
（9）望月信亨『望月仏教大辞典　第三巻』世界聖典刊行協会、一九三三年、二一七七頁。
（10）山口益『仏教における有と無との対論』弘文堂書房、一九四一年、五七九頁。
（11）龍樹の『廻諍論』についての詳細は、山口益『空の世界』理想社、一九六七年、八四―九三頁を参照。
（12）同書、九六頁。ルビは引用文献の筆者によるもの。
（13）同書、九六―九七頁。ルビは引用文献の筆者によるもの。
（14）田上太秀『仏教と性差別』東京書籍株式会社、一九九二年、一七〇頁。
（15）勝呂信静「Ⅲ　唯識説の体系の成立――とくに『摂大乗論』を中心にして」（高崎直道編『唯識思想』春秋社、一九八二年）一〇八頁。
（16）熊本英人「仏教とジェンダーフリー・バッシング」（末木文美士『現代と仏教――いま、仏教が問うもの、問われるもの』佼成出版社、二〇〇六年）一六二頁。
（17）大越愛子、源淳子『女性と東西思想』（勁草書房、一九八五年）、大越愛子、源淳子、山下明子『性差別する仏教』（法蔵館、一九九〇年）、大越愛子、源淳子『解体する仏教――そのセクシュアリティ観と自然観』（大東出版社、一九九四年）などの著作がある。
（18）註（16）に同じ、一六七頁。女性と仏教東海・関東ネットワーク編『ジェンダーイコールな仏教をめざして』朱鷺書房、二〇〇四年。
（19）大越愛子「第一部　仏教文化パラダイムを問い直す」（大越、源、山下『性差別する仏教』）二八―

三一頁。
(20)註（14）に同じ、九六頁。
(21)同書、一一〇頁。
(22)同書、一二〇頁。
(23)同書、一二八―一三一頁。
(24)同書、一五二頁。
(25)註（19）に同じ、一七頁。
(26)註（19）に同じ、一五八頁。
(27)註（19）に同じ、二四一頁。
(28)註（14）に同じ、三頁。
(29)同書、五七―五八頁。
(30)同書、七六―七七頁。
(31)佐々木閑『日々是修行――現代人のための仏教一〇〇話』筑摩書房、二〇〇九年、一三八―一三九頁。
(32)同書、一三九頁。
(33)註（14）に同じ、二一頁。
(34)同上。
(35)同書、三三頁。
(36)同書、三五頁。
(37)同書、四六頁。
(38)同書、八一頁。
(39)同書、四八頁。

(40)同書、五〇頁。
(41)同書、八二―八三頁。
(42)同書、八四頁。
(43)植木雅俊『仏教のなかの男女観――原始仏教から法華経に至るジェンダー平等の思想』岩波書店、二〇〇四年。「テーリー」とは尼なる長老を、「ガーター」とは詩を意味する。尼僧の教団の出現は、世界の思想史においても驚くべき事実であるという(中村元『尼僧の告白』岩波書店、一九八二年)。なお『勝鬘経』は、勝鬘(シュリーマーラー)王妃が、両親のすすめによって仏の教えを聞き、将来仏になることを仏によって保証されて、彼女が法を説くというかたちで展開する経典である。
(44)註(14)に同じ、一八五頁。
(45)註(43)に同じ、二五二頁。
(46)同書、二七四頁。
(47)同書、三一二―三一七頁。
(48)同書、三一八―三一九頁。
(49)註(16)に同じ、一六三頁。
(50)源淳子「II　空と色　第二章　男と女の仏教」(大越愛子、源淳子『女性と東西思想』)二三〇頁。
(51)同書、一二六頁。
(52)中村元『慈悲〈サーラ叢書一〉』平楽寺書店、一九五六年、一頁。
(53)註(31)に同じ、二三七頁。
(54)註(16)に同じ、一七一頁。

第三章　『瑜伽師地論』における「自利・利他」についての一考察

第一節　「利己」対「利他」／「自利・利他」

道徳教育は、自分の利益だけでなく他者の利益を考えて判断し行動することを美徳とし、社会もそのような人間をもとめる。道徳教育は、学校、家庭、地域をつうじて、児童・生徒に他者への配慮を身につけさせることを期待している。しかしわれわれ大人も含め、他者の利益よりも自己の利益を優先させる場合は多々ある。この問題は建て前と本音の問題として放っておくしかないものなのか。あるいは可能なかぎり他者の利益を優先させる自己づくりにあらゆる人々が取り組むことを期待するべきなのだろうか。あるいは、体験を積み重ねることによって自分勝手な心は克服されていくものだと楽観視してよいものなのだろうか。本章では、自分の利益だけでなく他者の利益を考えて判断し行動することを、「利他」という概念で捉え、「利他」の意味を大乗仏教の見地から捉えなおすことを目的とする。

世界的にみても、社会学、心理学、哲学の分野において「利他主義」の研究がふたたび盛んになっているといわれる。(1)このことに関して、利他主義や思いやりについて研究する稲場圭信（一九六九―　）は、「現代社会が抱える様々な問題に既存の行政主導システムだけでは対応不可能で、法や制度とともに自発的な利他的精神に富む市民社会の構築が希求されてきていることへの応答」とみている。[2]また「利他」は釈尊の前生譚である『ジャータカ』によっても多く伝えられている内容である。[3]「釈尊は過去世に善い国王、あるいは良臣・商人などとして、あるいは猿・鹿・象・鳩・ウズラなどとして」、「善い行いをしたと説く」ものであり、民衆に「道徳的・宗教的に心情を高める点に非常に貢献した」物語である。[4]

現代において「利他」の一般的な意味は、「自分を犠牲にして他人に利益を与えること。他人の幸福を願うこと」である。対義語は「利己」であり、「自分一人だけの利益を計ること」という意味がある。[5]一般的な「利他」の意味が「自己を犠牲にして」という表現をつかってあらわされているということからもわかるように、利他と利己は、いずれかを成り立たせるためにはもう一方を捨て去らなければならないような、相反するものとして捉えられやすいようである。しかしながら、「利他」と「利己」のいずれにも当てはまらない概念として『瑜伽師地論』(*Yogācārabhūmi*)に示される「自利・利他」という概念がある。ここでの「自利」は「利他」と一組にして論じられるものであり、それは利他的行為の推奨を机上の空論におわらせることなく、他方で人々に窮屈な生き方を強いるということもないという点において、現代社会において再度着目する意義をもつものだろう。

仏教学を研究する村中祐生(一九三二―二〇一〇)は、利他という姿勢について「基本的には佛教者の個々における自覚の問題であり、それを具体的に可能な方向で現実化するには、十分な自行の行為が前提となる」と指摘し、「自らを如来と対面する位置におくことが前提」となり、「そこにおいて利他に転じていく別途の意思がはたらく緊張がともなっている」という。[6]そこからの疑問は、「利他とは自己の精神的修養をまってはじめて可能となるものなのであろうか」というものである。この視点については中村元（一九一二―一九九九）によっても「自分が救われていないのに他人を救うことができるか？」という問いとして論じられており、[7]中村によればこれに関する歴史的に定まった回答はないようである。利他について、具体的に大乗仏教の論典によりながら検討してみたい。

第二節　『瑜伽師地論』における「利他の混じらぬ自利」と「自利の混じらぬ利他」

利他について一部に説く経典として『瑜伽師地論』がある。『瑜伽師地論』は瑜伽行派（Yogācāra）の基本聖典であり、その著者は、伝承によってはインドの弥勒とされたり、無着とされたり、明確ではない。漢訳には玄奘のもの、北涼曇無讖（三八五―四三三）による『菩薩地持経』（四一四―四三三年訳）、劉宋求那跋摩（三七七―四三一）による『菩薩善戒経』（四二四―四三一年訳）の訳出があるが、膨大なテキストであることもあり、[8]一時に同一人の手によってつくられたものかどうかは疑われているという。[9]この論典は仏教のあらゆる宗派体系を包括しようという壮大な構想のもとに組織されており、[10]「仏道修行の入門的段階に関しては一様であるとして、ある段階において、その進むべき道（乗）が決定する」と捉えるものである。[11]この論典は声聞地と菩薩地が中核となり、十七地から構成される。[12]以下に引用するのはその邦訳であり、[13]『瑜伽師地論』における「菩薩行（bodhisattva-caryā）」について説かれる箇所の中の「学ぶ対象」である。

『瑜伽師地論』は「自利」の章と「利他」の章からなっているものの、この二章を解釈の都合上、ひとつの章、すなわち「自利・利他」としてみることが一般的である。そこでは十の視点から「自利・利他」に関して説明がなされる。この十の視点におけるそれぞれ二項目は一対であるため、五つの視点に整理される。具体的にその視点とは、①自利であってまた利他であるか、②本当の利でありそれが覚という安楽にいたるものであるか、③いかなる行を因としいかなる果が得られるか、④現世のものと来世のもの、⑤究極的なものとそうでないもの、である。[14] 本節では上記の課題意識にもとづき、自利と利他の関係性に着目しようとするため、①の視点を中心に検討する。「自利・利他」の章については、「思想的に問題とすべき点がなく、和訳する意義を見出し難」いと、訳者である相馬一意（一九四八－　）自身も認めており、このことが訳書が少ない理由のひとつであるとしている。[15] その一方で、この一章は「大乗菩薩道に重要な自利と利他の行を各方面からよくまとめ切ったと言うべき」であり、「菩薩行の基本として正しく位置づけ得た」と評価している。[16]「大乗仏教の論書のなかでもっともまとまった菩提心論を叙述しているものの一つ」とも評価されるように、[17]『瑜伽師地論』は菩薩について具体的に考察するのに重要な位置にある。

さて、①の中の二項目である「利他の混じらぬ自利」と「自利の混じらぬ利他」、すなわち純粋な自利と純粋な利他の一部とを否定的に扱っていることは、特筆すべき『瑜伽師地論』の特徴である。この二者は「捨てられるべきもの」と捉えられる。「利他の混じらぬ自利」は次の十項目からなる。

第一に、自身に楽を欲する人が財物を追求し享受すること、

第二に、法を惜しむ人であるにもかかわらず、仏陀や菩薩によって説かれた教えを追求し受持すること、

第三に、天界を欲する人が天界のために戒と精進を実践し、禅定と智慧を保って生きること、
第四に、世間的享楽の果報をのぞむ人が世間的享楽を目的として如来の廟を供養すること、
第五に、財利を欲する人が財利を目的とし自分に財利を成就するために、意味がなく外の人々を惑わす不実を説くこと、
第六に、自身が人に奉仕されるようになりたいと欲する人が、奉仕されるようになるために、不正なる方法でとりまきを集めること、
第七に、他人の奴隷状態にある衆生たちを、自己の奴隷とするために解放すること、
第八に、獄につながれた衆生たちを、自己の仕事の完成のためだけに獄から解放し、みずからがつなぎとめること、
第九に、刑罰に恐れおののいている衆生たちを、みずからに恐れおののかせるために他人からの刑罰から解放すること、
第十に、菩薩が現法楽に住して衆生たちの利益を深く考えることから離れること、である。

上記の訳出された項目の共通点を検討すると、それらはすべて自己の欲望からあらわれた利益を目的とする行為であるといえよう。第一の項目に関しては、いかにも自己の利益だけを追求した行為であるため「捨てられるべきもの」であるのはもちろんのこと、第二、第三、第四の項目からは、いくら仏道修行をしても、その目的が自己の欲望からあらわれる利益のみの追求であるという場合は批判の対象となることがわかる。第五、第六の項目に関しては、他者をも巻き込みながら自己の利益を追求する行為であるとい

う点で「捨てられるべきもの」とされ、第七、第八、第九の項目は、他者の解放という一見よいことをしているようにみせかけながらも、実は自己の利益追求の行為である点で批判されるべきものとされる。第十の項目に関しては、他者の幸福を願わない点に冷たさがみえる行為である。

もう一度、第一の項目について、はたして自身のためだけでなく、社会の利益を考えながら「財物を追求する」ということは仏教ではよしとされているのか、検討してみたい。中村元によれば、「原始仏教の経済倫理は」、「各個人がひたすら業務に精励して営利を追求することであった」という。[18] 出家修行者はべつとして、「一般在俗信者に対しては、むしろ積極的に現世的な財を尊重すべきこと」が説かれていたようである。[19] 一方で、財の消費や怠惰や怠惰を引きおこす飲酒については戒めており、精励勤勉の徳を強調しているようである。[20] このことを整理すれば、「原始仏教は営利追求ということを、むしろ積極的に勧めている。ただそれを享楽的な消費に使ってはならない」と考えていたということであり、[21] かならずしも財物の追求が忌避されるべきことと捉えられてはいなかったことがわかる。また、列挙したような「単にそれだけのものである自利」がある一方で、常に他と結びついた自利があり、それらは「菩薩の布施や忍辱等」であり、「菩提にふり向けられたもの」であり、あるいは「天界に〔生じるための〕因となるもの」である、[22] という見方もあることをつけ加えておきたい。

以上、『瑜伽師地論』に説かれる「捨てられるべき」「利他の混じらぬ自利」について概観してきたが、つづいて、「自利の混じらぬ利他」に挙げられる六項目を以下に示す。

第一に、邪見の人、あるいは因果をないものとする人が布施をすること、

第二に、犯戒せる、また行を離れた者が他に説法すること、
第三に、自在を得た菩薩が、十方において種々の化作によって種々の人々の利益をなすこと、
第四に、禅定を達成した菩薩がなお低い地の善法を修すること、
第五に、自在を得た菩薩が種々の人々の利益をなすこと、
第六に、如来が衆生たちに無量の利益をなすことである。

六点の項目の主語に着目すると、第一、第二の二項目が、他の四項目と種類を異にしていることに気づかれよう。第一、第二の項目は、「捨てられるべきもの」であるが、その他の四項目は、利他ではあるものの自利とはならないものの、なお一層学ぶべきものとして捉えられる。なお一層学ぶべきものがここに列挙されることについては、相馬によって「いささか矛盾するようだが」と指摘されながらも、しかし訳はこのようになっているという。(23)

また、⑤の「究極的な自利・利他とそうでないもの」に着目すると、「すべての煩悩の究極的な断滅、八聖道、これをよりどころとして獲得された世間的善法」が「究極的な自利・利他」であるという。(24) これは村中が「利他に関しての理念に近いものは、衆生済度が相当すると思われる」と指摘するように、(25)「衆生済度」という概念に関係が深いものと考えられる。すなわち、「自利・利他」とは他人へのたんなる親切にとどまるものを意味しているのではないということがわかる。

第三節　「人格の完成」の過程としての「自利・利他」

「菩薩の悟りをめざした自利行の中にこそ利他は自ら含まれる」と相馬が指摘するように、[26]「自利・利他」における「自利」とは、行為主体である自己が成長する過程であると捉えられよう。「自利・利他」における「自利」を人格の向上と捉える『瑜伽師地論』の考え方は、たんに自己犠牲と他者への親切をもとめる道徳教育をみちびくものではなく、心情のみに訴える道徳教育をみちびくということもない。さらに「自利・利他」の行為は、われわれが人格の向上を絶えずめざしながらも完成されえない存在であるからこそ、永遠に自己にとって自己向上という利益をもたらすような、すなわち「自利」を含む行為となるのである。このような意味合いは「本来の自己は社会的対他的実践を通じてのみ実現される」という中村元の指摘によってもひきだすことができよう。[27]はたしてわが国における現在の道徳教育の中に、他者への親切が自己の成長になるという論理があるかというと、そうとはいえないが、この論理をさらに解明するために、以下に「自利・利他」という論理を基礎づける思想についていくつか検討してみたい。

まず中村は「ひとり思索するような自我の自覚」と「他者とのあたたかき共感、共力において具現される」「自我の自覚」とを対置し、[28]後者の背景にはバラモン教やインド教の倫理思想である「自他不二」の境地があると指摘する。[29]中村によれば、自他不二とは「自他が相互に他者でありながら、しかも合一をめざす」ものであり、その実現は慈悲による。[30]中村は現代社会の危機として「あたたかき人間性の磨滅、孤立人としての虚無感、独善利己的な自我意識」を指摘し、これらの超克のためには「包容的な自我観」が重要であると捉えている。[31] 彼の危機感を如実に示すことができる論述を、以下に引用しておこう。

自我の自覚が、他者との連帯性を無視した孤立的個別的な自我の主張に堕したとき、そこには人間の連帯性に対する自覚の喪失と、社会的調和の破壊という恐るべき結果をもち来し、近代文明そのものがいかに苦しまねばならなかったであろうか。[32]

このように、近代文明がいかにすすんでも、その背後にある自我意識が自他不二のものであるか、あるいは孤立したものであるかによって、文明そのものの活かされ方さえかわってくることを中村は示しており、宗教を「倫理の基底」として捉えている。[33]

さらに中村はインドの宗教の特徴としての「万人一体観」について論じる。西洋では「各個人の自我が互いに平等な資格において相対立しているものと考えて、おのおの自分の自我を中心にして計量するという思惟方法」をとるのが一般的であるのに対して、[34] インドにおいては「古来、自己に対立する他の自己という観念が希薄」であり、「他人を自己に対立する独立の行動主体と考えないような傾向が、ややもすると現れている」と指摘する。[35]

たとえば言語に着目すると、インド古典語のサンスクリットでは「他人である相手の行為は話す主体の行為の延長」と捉えられていること、「他人を自己に対立する抵抗的障碍的なものとは考えられていなかった」ことが、動詞の使役法をみてもわかるという。[36] さらに自我観をみても、「一般インド人にとっては、アートマンなるものは、個人的自我であると同時に、また普遍的自我であるとして表象される傾向がある」と指摘し、[37]「アートマンが同時に絶対我、最高我を意味するものと解せられている」とも論じるように、[38] インドでは自己を他己とつながるものとして、また融合するものとして捉えていることがわかる。

中村によれば、自他不二とは「同一次元に位置する二つの存在の融合ではなくて、対立する二つの存在のうち一方が自己を否定するという運動において実現する」ものであり、「それぞれの当事者にとっては、自己の否定であるにもかかわらず、より高次の視点から見ると、相対立している自己とが自他不二の方向に向って合一するところに成立する」ものであり、「対立的な両者がともに否定されることにほかならない」という。[39] このように、両者が自己を積極的に支持しながら融合するのではなく、両者がそれぞれを自己否定することによって合一するという論理を示すところに、中村の説明の特徴的なところがある。

「自他不二」という概念は、わが国で曹洞宗をひらいた道元（一二〇〇―一二五三）が重要視したものでもある。『随聞記』巻五の明全入宋に関する話は、〈自利〉と〈利他〉との兼合いの問題であった」ということが指摘されており、道元は「〈自利〉が先か、〈利他〉が先か、あるいは両者同時のものか」という問いに、「〈自利〉と〈利他〉とが相即の関係にある」と答えていることがわかる。[40] 日本教育史研究者であり鎌倉仏教を研究する唐澤富太郎（一九一一―二〇〇四）によれば、道元は「いわゆる日常的にいわれる単なる他人はない。他人とは畢竟他己すなわち『他なる自己』たる」に外ならないと捉えていたという。[41]

唐澤によれば、それは「『私と汝』の相対的対立においてではなくて、かくの如き対立のより大いなる主体的根源的世界において、自他一如の境地にまで達するものに外ならない」という意味においてである。[42]そしてこのような自他一如の地盤にあるものが仏性とよばれるものであると唐澤は捉える。[43]このような見地から、「自利を先とせず、飽くまでも自他一如の境地から自利利他を同時に行ずる大士こそが菩薩」であり、[44]「神でもなければ動物でもなく、その中間的存在者として、一方においては欲望的世界に繋縛されつつ、しかし飽くまでも神的な自己に生きようと、理想と現実との葛藤の中に努力しつつあるもの」というところに「大乗菩薩道の人間的意味」があると唐澤は論じる。[45]道元は「自未得度先度佗」、すなわち「自己救済をまって他を救済するという自我中心的な世界を転換して、全く他己を中心となし、一切衆生の成仏をまって自己も成仏しようとする自他転換の大勇猛心をも」つことを説いたとされ、[46]これこそが発心であり、「発心とは要するに、絶対的自己否定」であり、「自己に死して始めて考えられるところの人間の再出発」であると指摘する。[47]

このように、「自己に死す」ということ、無我ということについて、唐澤は「自己を尽し切って自己を脱落すること」、「まことに生くること」、「自己のまことを尽し切ること」であると、ことばを換えながら表現し、一方で「ただうつろになるという」ことではないと注意している。[48]

自他不二についてさらに鈴木大拙は「一人の人間の為した道徳的行為」は「他の人々が無上の正覚へ到達するのに役立つ」と指摘し、その根拠として「普通には個別に存在し他者からは独立していると考えられている個々の魂が、実際にはそうではなくて、相互に密接に混成しており、そのためひとつの魂において生み出された揺らぎは遅かれ早かれ、正しい形にしろ間違ったかたちにしろ、他に影響を与えながら伝達されていく」というように、[49] 他への影響という観点から論じている。なぜ他に影響を与えるということがいえるかといえば、人間とは本来、「あらゆる可能な方策を用いて常にコミュニケーションを広げ、促進していこうとする傾向」をもつものであり、「生きて、成長する個々の魂は、他の魂を包含したいと望み、仲間になりたい、ついてきてもらいたいと望み、そしてすべての魂が一緒になって単一の魂へと統合されるよう、無限に広がることを切望する」ものであるからという。[50] このような仏教的な鈴木の人間観においては、「自利・利他」の概念は当然正当性をもつものとなる。

岡野守也（一九四七—　）によれば、「他者と分離した自分があると思うから、憎しみ、妬み、敵意、殺意などの煩悩が起こる」のであり、「宇宙と分離した自分があると思うから、死は宇宙の暗闇の中に消えていくことのように思えて恐ろしい」のだと論じる。[51] やはりここでも、自他不二と捉えることによる問題の解決法が提起されている。

自他不二について、仏教学研究者の山口益（一八九五—一九七六）は、「自他平等」ということばをつかって論じており、それは「自らが一切有情と共通の悩みを見出してゆくということ」であり、「菩薩自らのためになってゆくことが、そのまま一切衆生のためになってゆくこと」であり、それは「自浄其意」、すなわち「自らの心を空ずる」ことによって可能となるものであるという。[52] すなわち唯識説でいうところの遍計所執性の場からの離脱こそが、自他平等の認識にちかづくことであることを示している。

おなじく仏教学研究者の梶山雄一（一九二五—二〇〇四）は、業報を銀行預金にたとえてその特徴を説明しており、[53] 以下にそのたとえとしての預金の四つの特徴を引用してみよう。第一に業報の「物理的必然性」である。これは「預金と借金とは幸福と不幸とに量的に対応すること」を意味する。第二に業報の「自己責任性」である。これは「預金と借金とは持ち主だけのものであり、他人に権利も責任もないということ」を意味する。第三に業報の「方向の転換」であり、これは「それにもかかわらず、自分の預金を他人に譲渡することができるということ」を意味する。最後に業報の「内容の転換」であり、「預金は、それを物質的・精神的な他のものに、内容的に転換できる、ということ」である。

梶山によるさらに詳細な説明にたちいって検討すると、第一の「物理的必然性」とは因果応報を意味していることがわかる。すなわち、「善悪の行為にはそれと量的に対応する果報がある」ということを意味する。[54] 第二の「自己責任性」とは「みずからの蒔いた種はかならずみずから刈りとらねばならぬ」ということであり、第三の「方向の転換」とは「善業の功徳は、これを他者にふり向けることができる、という観念」を意味する。[55] 第四の「内容の転換」にはたとえば「善業の果報を菩提（さとり）に換える、という、いわゆる『菩提廻向』」があるという。[56] そしてこの菩提廻向こそ、「自利・利他」が自己の「人格の完成」の過程となるという論理を基礎づけるものといえよう。

以上、「自利・利他」が「人格の完成」の過程となるという論理を基礎づける思想について、さまざまな仏教学研究者による「自他不二」、「万人一体観」、および「自他平等」についての考察を検討した。ここでさらに強化されたのは、「自他不二」、「万人一体観」、および「自他平等」といった観念はインドにおいては一般的なものであり、その影響下においてつくりあげられた仏教思想も自然とこの観念をもっているということ、さらに『瑜伽師地論』における「自利・利他」の概念は、自利と利他を相反するものと捉える概念ではなく、あくまで利他的な実践が自己完成の過程の一部となるということをあらわしているということである。

ここで注意しておきたいことは「自利・利他」における「自利」とは、一般的な世俗的な自利を意味するのではなく、仏教研究者の田上太秀（一九三五―　）のことばでいえば、「無上正等菩提を現証すること」を意味しているということである。[57] このように、「自利・利他」は「自利」を含むという点で、人間に自己犠牲という無理を強いることがない概念である。子どもたちにも利他的行為ができる大人に成長してほしいと社会が望み、そのように逼迫した状況にある現代社会において、いったい何が利他的行為であるのか、また利他とはそもそも何であるのかについて根本的に議論をすすめることをも、道徳教育と並行しておこなっていく必要があるのではないだろうか。利他ということについて仏教思想の文脈で考える場合、この議論は「覚」の諸相についての議論と密接に関わってくるものであり、それはかならず自利と結びついて捉えられるものである。

註

（1）稲場圭信「利他主義及びケア精神の発達と宗教」（日本宗教学会『宗教研究』第七六巻第四号、二〇〇二年）一一九頁。

（2）同上。

（3）中村元監修・補註『ジャータカ全集』一巻、春秋社、一九八四年。「ジャータカ」は南アジア、東南アジアでは非常に有名であり、世界諸国の物語はそのもとを尋ねると「ジャータカ」に由来するものが非常に多いという。「イソップ物語」の内、かなりの物語は「ジャータカ」にもとづくか、あるいは共通の起源から発したものであることが、前世紀以来の西洋の研究者によって明らかにされているという。わが国の『今昔物語集』、『三宝絵図』、『沙石合集』、『謡曲』などにも「ジャータカ」と共通の話題が多いという（同書、一頁）。

（4）同書、二頁。

（5）「利他」と「利己」の意味については、『広辞苑』第五版を参照。

（6）村中祐生「利他の理念と報因報果」（佐藤良純教授古稀記念論文集刊行会『佐藤良純教授古稀記念論文集　インド文化と仏教思想の基調と展開〈第一巻〉』山喜房佛書林、二〇〇三年）一九二頁。

（7）中村元『慈悲〈サーラ叢書一〉』平楽寺書店、一九五六年、二四八―二五七頁。

（8）袴谷憲昭「Ⅱ　瑜伽行派の文献」（平川彰ほか編『唯識思想』〈講座大乗仏教八〉春秋社、一九八二年）六〇頁。

（9）高崎直道「Ⅰ　瑜伽行派の形成」（高崎直道『唯識思想』春秋社、二〇〇一年）九頁。

（10）同上。

（11）同書、一九頁。ここで「乗」とは「声聞、独覚、菩薩」を指す。先天的な種姓を「本性住種姓」、修行によってえられる種姓を「習所成種姓」とよぶ（同上）。

（12）同書、三三頁。

（13）磯田熙文の「自利と利他」（秦隆真先生追悼論文集刊行会『仏教と社会福祉』佛教大學、一九七七年）と相馬一意の「梵文和訳『菩薩地』」（『佛教學研究』第四三号、龍谷大學佛教學會、一九八七年）に主に本章の引用はよっている。

（14）相馬「梵文和訳『菩薩地』」、五二四頁。

（15）同書、五二五頁。相馬は、「菩薩の自利と利他を正面から取りあげたものは、ただ一つのもの以外見つからなかった」と述べ、それは磯田熙文の「自利と利他」（秦隆真先生追悼論文集刊行会『仏教と社会福祉』佛教大學、一九七七年）であるという。
(16) 同上。
(17) 田上太秀『菩提心の研究』東京書籍、一九九〇年、三七三頁。
(18) 中村元『[新版]宗教における思索と実践』株式会社サンガ、二〇〇九年（初版は一九四九年）、一八九頁。
(19) 同上。
(20) 同書、一九一頁。
(21) 同書、一九四頁。
(22) 註(14)に同じ、五二〇頁。
(23) 同論文、五〇七頁。
(24) 同論文、五〇九頁。世間的善法を「世俗に働く後得智の作用」と相馬は解釈している（同論文、五〇四頁）。
(25) 註(6)に同じ、一九七頁。
(26) 註(14)に同じ、五二三頁。
(27) 註(18)に同じ、六二一頁。
(28) 同書、六一頁。
(29) 同書、五八頁。
(30) 同上。
(31) 同書、六四頁。
(32) 同上。

(33) 同書の第一部は「倫理の基底としての宗教」をテーマとしている。
(34) 同書、四九頁。
(35) 同書、五〇頁。
(36) 同書、五一—五二頁。
(37) 同書、五六頁。
(38) 同書、五七頁。
(39) 註（7）に同じ、九九頁。
(40) 船岡誠「道元禅師における自利利他の論理構造と冥合の論理」（『宗教研究』第二一号、曹洞宗宗教研究所、一九七九年）一六三頁。
(41) 唐澤富太郎『中世初期仏教教育思想の研究』東洋館出版社、一九五四年、三〇七頁。
(42) 同書、三〇七—三〇八頁。
(43) 同書、三〇八頁。
(44) 同上。
(45) 同書、三一〇頁。
(46) 同書、三一一頁。
(47) 同上。
(48) 同書、三一二頁。
(49) 鈴木大拙著、佐々木閑訳『大乗仏教概論』岩波書店、二〇〇四年、一七七頁。
(50) 同上。
(51) 岡野守也『大乗仏教の深層心理学『摂大乗論』を読む』青土社、一九九九年、九九頁。
(52) 山口益『空の世界』理想社、一九六七年、一九一頁。

(53) 梶山雄一『「さとり」と「回向」大乗仏教の成立』講談社現代新書、一九八三年、一五三頁。
(54) 同書、一五五頁。
(55) 同書、一五六―一五七頁。
(56) 同書、一六〇頁。
(57) 註(17)に同じ、三七五頁。

第四章　『法華経』の譬喩をつかう道徳授業の可能性

第一節　如来蔵思想の道徳的意義

科学的知識の進歩につれて、一方で現代は習慣的に共同体において教えられる道徳的徳目を無条件に実行することができない時代となった。たとえば、なぜ親に孝行しなければならないのか、なぜ他人に親切にしなければならないのかという点について明らかな答えが与えられなければ、無条件に実行することはできないと考える人々があらわれている。また、日々の生活の中で子どもたちは現実の人間が理想的なものばかりを有しているわけではないと気づくことがあり、道徳教育について、生活とかけ離れたものと考えたり、建前と本音があることに疑惑をもつことがある。このため、人間存在そのものが矛盾した姿であるということを自覚させていく教育が必要であるという指摘がある(1)。人間は理性をもつために、動物には不可能である文明の可能性を伸ばしながらも、一方でそれによっていずれは死ぬという自己の有限性を知る。また人間は能力を過信しながらも、一方では孤独や不安におそわれるという矛盾的な存在である。人間はそこで動物性に退くという退行的な解決法か、あるいは人間のもつことができる力を最大限に発揮して志向価値をもとめていく前進的な解決法しかもたない。教育とは、このように宿命的な矛盾性を本質としてもつ人間が前進的な解決をもとめることへの可能性を信頼する立場に立っておこなわれる。そしてまた、前進的な可能性を人間がもつことこそが、人間が尊重されなければならない所以であるというのである。

仏教の開祖である釈迦は、どのような人もまぬがれえない苦しみがあるとして「八苦」をあげた。すなわち、「生、老、病、死、愛別離苦、怨憎会苦、求不得苦、五蘊盛苦」である。どんなに多くの知識をもつ者であっても、ただ多くを知っているだけでは真の満足を得ることはできない。生まれるのは苦しみのはじまりであり、病気になればなお苦しむ。老いてゆくことも罪を重ねる哀れな状態であり、死は寂しく悲しいものである。自分の愛するものに別れなければならない苦しみ、自分がいとわしいと思うことに出会わなければならない苦しみがある。五蘊（身心一切の働き）が盛んであるために欲情がおこり、心の平和を得られない苦しみがある。しかしながら、これらは心のもち方によるものであり、いかなる境遇にあっても、いかに周囲の事情が変わっても、動揺をうけず苦悶をなくすことができると釈迦は説いた。(2)

以上のような人間の矛盾性や本質について考え、希望をもって生きる可能性について考える機会を子どもたちに提供することを目的とする道徳授業として、本章では、読み物資料をつかう道徳授業をいくつか提案したい。それらは従来の心情把握型や問題解決型とは異なる形態のものであり、すなわち、子どもたちみずからが人間存在について考え、その上でみずからの生き方を内省し創造するきっかけを与える資料をつかうものである。(3)その背景にある思想は、大乗仏教の如来蔵思想である。

本章の第二節では、如来蔵思想の特徴を具体的に『勝鬘経』（*Śrīmālādevīsiṃhanādasūtra*）から読み取ってみたい。第三節では道徳授業でつかうための読み物資料として『法華経』（*Saddharmapuṇḍarīkasūtra*）の中から譬喩を取り上げ、具体的な資料の内容を検討し、それをもちいる授業について提案する。なお、「道徳のみの世界観においては、人間相対の中で善悪の観点からのみ人間を評価し、差別するが、宗教的な世界観に立つときは、道徳的・世間的な善悪の価値判断をいちおうはみとめつつも、これを超えた立場から、人間をより根源的にとらえようとする」という指摘がなされる一方で、「公立学校においては、特定の宗教に偏することなく、あらゆる宗教に対して公平な取扱いをすること」という学校教育における方策がある。[4] この両者を踏まえた上で、本章では一例として『法華経』の譬喩をつかう道徳授業を取り上げようとしており、このことは、その他の宗教を道徳授業で取り上げる可能性を否定するものではない。

第二節　『勝鬘経』にみる如来蔵思想の特徴

『勝鬘経』は『法華経』や『維摩経』（*Vimalakīrtinirdeśa*）と並び、聖徳太子（五七四―六二二）が『三経義疏』として数ある経典の中から重要なものとして選び取って講述した経典である。『勝鬘経』によれば、如来蔵は「如来の法身が煩悩蔵を離れないもの」である。[5]「不離・不脱・不異なる不思議の佛法を成就するを、如来の法身と説く。世尊、是の如く如来法身の煩悩蔵を離れざるを如来蔵と名づく」という一節によれば、[6] 如来蔵とは「法身（dharmakāya）」の周囲を煩悩の塵が纏っているものを指すことがわかる。「法身」とは仏法功徳をそなえるものである。如来蔵は「在纏位の法身」とよばれるように、煩悩の中に存在しながらもそれそのものは煩悩の性質をもたない。このように煩悩の性質をまったくもたない点を指して「空如来蔵」とよぶ。一方で「不空如来蔵」とよぶ理由は、如来蔵には不思議な仏法が備わっており、煩悩は空であっても如来蔵は常住のものであると捉えられているところにある。(7) 如来蔵は不生不滅であり、有為法（消滅する現象世界の一切の事物）を超越したものであり、「常・恒・清涼・不変」の性質をもつ。(8)

『勝鬘経』はもともと梵語では「シュリーマーラー夫人の獅子吼した経典（*Śrīmālā-devī-siṃhanāda-sūtra*）」という名の経典であり、「シュリーマーラー」とはめでたい花輪を、「デーヴィー」とは王の妃を意味し、師子吼とは獅子が吼えるように偉大な教えを説くことを意味する。(9) 在家の女性という、当時もっとも僧侶に遠い存在とみなされていた者が仏に対して自身の覚の内容を披露するという設定をとる。この設定自体が、生きとし生けるものがすべて如来蔵を有するという如来蔵思想の立場にあることを示している。ここでは『勝鬘経』における勝鬘夫人に着目することにより、如来蔵思想の特徴をより明らかにしてみたい。(10)

『勝鬘経』の冒頭部分では、アヨーディヤー国の王であるヤショーミトラに嫁いだ勝鬘夫人に対して、実家の両親が仏道を奨励する。「聡慧利根、通敏にして悟り易し」と両親が夫人を評価するように、娘がもつ如来蔵に対する信頼があるからこそ彼女に仏道をすすめている。(11) 同じく、教師が子どもたちの道徳性を伸ばそうと願う前提には、子どもたちそれぞれがもつ潜在的な道徳性に対する信頼があるだろう。

夫人が自身の覚の内容を仏に披露すると、仏は夫人が将来、仏の境位に達することができることを本人に保証する。この仏による覚の保証は「授記」とよばれ、「相手がさとりを得る可能性をもつことを仏が保証するもの」であり、現段階で覚を得ていることを保証するものではない。[12] 授記には、このようにすれば必ずこのようなことになるという信頼感の保証を与えるところに効用があり、それによって夫人の努力は促される。[13] このように、勝鬘夫人の如来蔵に対する両親の信頼や、夫人が将来覚を得ることに対する仏による保証といった環境は、夫人が向上心をもつ生き方をする環境の一大要素である。このような環境に着目するとき、道徳教育においても、子どもたちの潜在的な道徳性に対して教師が信頼をもち、それらが将来伸びていくことを子どもたちに保証することによって、子どもたちが励まされることの示唆を読み取ることができるだろう。

勝鬘夫人は十の誓いをする。それらがすべて「わたくしは、今日からさとりの彼岸に至るまで」という句からはじまることからも、将来覚を得ることができるという確信に夫人が励まされていることを読み取ることができる。十の誓いは順に、「戒を犯さない」、「目上の尊い人を慢《あなど》らない」、「すべての人に対して怒りを起こさない」、「他人の幸せや財産・地位に対してねたまない」、「自分の蓄えをおしまない」、「自分自身のために財産を蓄えず、貧しい人を助けるために貯蓄する」、「菩薩のおこないによって人びとに接する」、「孤独の人など色々な苦しむ人を見捨てない」、「鳥や獣を捕えて売る人や、仏の戒に背く人を見逃さない」、および「正法を保ち生涯忘れない」といった項目である。これらの徳目がそのまま現代の道徳に適用されるわけではなく、これらは当時の社会における大乗仏教思想を反映したものであり、勝鬘夫人独自の誓いに他ならない。[14] ここで着目したいのは、誓いの個別特殊的内容ではなく、これらの誓いが自主的なものであるということである。

他方、釈迦は中道（相互に対立し矛盾する二つの極端な概念に偏らない自由な立場による実践）の実践徳目として「八正道」を示した。それらは「正見（正しい見解）、正思惟（正しい決意）、正語（正しい言葉）、正業（正しい行為）、正命（正しい生活）、正精進（正しい努力）、正念（正しい思念）、正定（正しい瞑想）」から構成される。[15]「正見」は、宗教家を尊敬し、道徳や宗教を重要視すること、「正思惟」は、正しいものを選択すること、「正語」は、みていないものをみたという（盲語）、かげ口をいう（両舌）、悪いことばをつかう（悪口）、無益なことをいう（綺語）といったことばを排除すること、「正業」は、殺さない、盗まない、よこしまなことをしないこと、「正命」は、むだ口をたたかず、ごまかさず、人をだまさないことである。「正精進」は、まだ生じていない悪を今後も生じないようにし、すでに生じた悪をなくし、まだ生じていない善を生じさせ、すでに生じている善を確立、発展させること、「正念」は、自分の肉体を傷つけていないか反省し、自分の感情として快と不快と無関心の三つの反応がどのようにおこるかを考え、自分の心そのものを観察し、存在物や外界を考察することである。「正定」は、戒律の上に立ち、坐禅の姿勢をもちいて、禅定をつうじて宗教的叡智を獲得することである。以上が「八正道」の内容である。[16]八正道は八苦を除くためのものである。夫人の誓いは覚にむかうためのものであるが、それはつまり苦しみを除くためのものでもある。したがって、夫人による十の誓いも釈迦による八正道もいずれも苦しみを除き人格を向上させるためのものといえる。

夫人はさらに「あまねく衆生の為に不請の友となり、大悲を以て、衆生を安慰し哀愍して世の法母と為る」と誓う。「不請の友」（請われる前に手をさしのべる友人）や、「法母」（嬰児にむかう慈母）のように他者をおもんぱかり、場に応じて適切で柔軟な行動をとる人間となることを誓っている。[17]自分の内に如来蔵があると考えるならば、自分は周囲の者によい感じを与え、周囲の者の心を和らげねばならぬ使命をもつと考えることができる。また、仏の子として恥じない者でなければならないと考え、怒りがこみあげてきそうになった場合であっても、怒った仏はいないというように、抑制することができるという。[18]

夫人による十の誓いも釈迦による八正道も、それらを実践してこそ意義をもつ。「摂受の正法と摂受正法者とは、摂受の正法に異なる無く、正法を摂受する者に異なる無し」と『勝鬘経』の中にあるように、[19]、正しい真理そのものは正しく真理を実践するところにあらわれ、両者は一体である。

「若し如来蔵無くんば、苦を厭い、涅槃を楽求することを得ず」と指摘されるように、[20]、理想の実現をめざして人生を切り拓く原動力の役割を如来蔵はもち、その原動力が自己の内部にあることへの信頼が実践への努力を促す。たんに自己の如来蔵に対する信頼だけでなく、他者の如来蔵を信頼することは他者の人間性を尊重することにつながり、自然の如来蔵を信頼することは自然の愛護へとつながる。如来蔵思想はたとえ現段階でみにくい形相であるものにさえも潜在的には如来蔵があることを説明する。「一切衆生に如来蔵あり」への信頼は、あらゆる対象に対して幻滅したり見下したりしないという子どもたちの道徳性を培うだろう。そのためにはまず、子どもたちの如来蔵を教師が信頼することによって、子どもたちの道徳性がますます開花することについての将来性を保証する必要があるだろう。

つづいて第三節では、子どもたちが人間存在について考える上で、あらゆるものの尊厳性をみずから発見することを促す資料の内容を検討し、それをつかう道徳授業について具体的に提案してみたい。

第三節　『法華経』の譬喩をつかう道徳授業

『法華経』は大乗仏教思想を伝える経典の中でも、譬喩をふんだんに扱う経典である。そこには七つの譬喩（「火宅三車の譬喩」、「長者窮子の譬喩」、「三草二木の譬喩」、「化城宝所の譬喩」、「衣裏宝珠の譬喩」、「髻中明珠の譬喩」、および「良医治子の譬喩」）がある。[21] それぞれ別個のテーマをもつが、とりわけ「長者窮子の譬喩」と「衣裏宝珠の譬喩」が如来蔵思想に関連深く、前者は『法華経』「信解品第四」に、後者は『法華経』「五百弟子授記品第八」に含まれる。[22] 前節では『勝鬘経』を中心に、如来蔵思想の特徴について考察してきた。以下、具体的な資料をあげて、それをつかう道徳授業を提案する。

（一）「長者窮子の譬喩」をつかう道徳授業

「長者窮子の譬喩」のあらすじは以下の通りである。[23]

ある国に父親と息子の二人が暮らしていたが、息子は幼年に家を飛び出して、諸国を流浪した。流浪した息子の困窮は甚だしく、その日の食べ物、着る物にも困るようになった。父親の方はますます商売が繁盛し、財宝を無量に所有する大富豪であった。

息子は流浪の果てに自国に舞い戻り、父親の家の門前に来たが、それが自分の家であることを知らなかった。父親は何気なくみた門前の男が、一目で息子であることを知った。召使いに命じて自分の家に連れてこさせようとすると、門前の男は、悪いこともしないのになぜ捕らえるのかと叫び、目を廻して倒れてしまった。父親は仏、神、大自然、真理と捉えられるもの、息子は覚を得ていない迷いの中の人間をあらわしている。一旦飛び出した家に知らず知らずに戻ってきたのは、覚を得ることの機会をたとえたものである。

富豪の父親は考えるところがあって、一旦その男を放す。今度は召使いにみすぼらしい身なりをさせてその男に近づかせ、「良い仕事があるから一緒に来ないか」ともちかけて家に連れてくる方法をとった。父親は、その男が息子であることを誰にも知らせなかった。つかわされた召使いは、いいつけどおりに男を捜しだして、話をして連れてきた。父親は息子に家中で一番下の汚い仕事をさせた。自身も立派な着物を脱ぎ粗末な着物を着て、体中に泥を塗り、手には糞を払う箒や塵とりをもって、若者の仲間に入った。若者は熱心に仕事をした。荒んだ性質もだんだんなくなっていった。父親は若者が家のことをほとんど覚えたので、一番重要な倉の中にある数限りない財宝を管理する仕事を任せた。若者はやましい心もなく、充分に勤めを果たした。父親はここまで若者を勤めあげさせて、はじめて親族や知人を集めて、「この男は私の本当の息子であり、私の財産は皆この息子に譲る」と発表した。息子はこれを聞いて、非常に驚き、大いなる喜びを得た。

この譬喩は、努力をしていくことにより、譬喩における父親と同じ境界に達することができることをあらわしている。また、この譬喩の中の若者は、家を飛び出し、自分に譲られる財産について知らずにいたが、これは自身に如来蔵があることに気づかないことをあらわしている。彼が財宝を管理するようになることは、ついに自己の如来蔵を知ることができることをあらわしている。

道徳授業においてこの譬喩を紹介するとき、読み手、あるいは聞き手である子どもたちは第三者的な視点をもちながらも、譬喩の中の息子に自身を重ね合わせるだろう。資料の紹介の後、教師は子どもたちに譬喩の解釈を一方的に解説するのではなく、発問を通して譬喩の真意をともに推測していく形式をとることが望ましい。具体的な発問例として、「父親がみすぼらしい身なりをしてまで息子と一緒にはたらいて見守った背後には、父親のどのような心境があるか」、「息子が管理を任された倉の財宝は、何をたとえたものであるか」などがある。それぞれ、「父親が身なりを変えてまで息子とはたらいた背景には、何とかして一人前にさせたいという父親の息子に対する気持ちがある」、「倉の財宝は人間が内に秘める如来蔵、尊厳性、人徳、道徳性ともいえるものである」といった回答が考えられる。教師は子どもたちの発言内容を整理するときに、彼ら、彼女らの自由な発言を否定しないようにしながら、子どもたち自身が「自身が尊厳性をもっていてもそれに気がつかず、自暴自棄になることがないか」、「すべてのものが尊厳性をもつということを普段意識せずに、他人やものを粗末に扱ってはいないか」ということを反省することができるように助言をしていくという授業が考えられる。

(二)「衣裏宝珠の譬喩」をつかう道徳授業

「衣裏宝珠の譬喩」のあらすじは以下の通りである。[24]

一人の男が親しい金持ちの友人に招かれて、その家で御馳走になっていた。色々な酒を飲み楽しく過ごしていたが、酔いがまわってその男は寝てしまった。友人は公用があったので出掛けなければならなかったが、寝ている客を起こすのは気の毒と思い、声をかけないで出ていった。しかし、いきがけに友人は寝ている男の着物の裏側に、値段のわからないほど貴い珠を縫いつけておいた。眼が醒めた男は、友人がいなくなっているのでつまらないと思い、友人の家を辞して、旅に出ていった。諸国をまわっているうちに、旅費もなくなって困るようになった。男はその日その場の仕事を見つけて、それで生活していくことで満足していた。しばらく過ぎたある日、男は自分を招いてくれた友人に、ひょっこり出逢った。友人は懐かしく思ったが、男の身なりや痩せてしまった哀れな姿をみて驚いた。「どうしてそんな情けない生活をしているのか。私は以前、君が安楽な暮らしをすることができるように、高価な珠を着物の裏に縫い付けておいた。それを金に換えれば、何不自由のない生活が続けられたであろうに。どうしてその珠を見つけなかったのか」と。いわれた男は、自分のぼろぼろになった着物の裏を探って、はじめて貴重な珠のあることを知り、自分の愚かさを恥じた。

この譬喩における珠は如来蔵をあらわしている。譬喩の中の男が、困窮した際にその日その場の仕事をして、それで満足しているという描写は、人生において向上心をもたず現状で満足することの無意味さを説明するためのものである。

本譬喩における友人は「長者窮子の譬喩」における富豪の父親に対応し、本譬喩における宝珠は「長者窮子の譬喩」における富豪の財宝や財産に対応する。本譬喩に関する発問としてたとえば、「男が見つけられなかった珠は何をたとえたものであるか」、「男が珠の存在に気づかないとはどのような状況をたとえたものと考えられるか」、「男が友人から自分のもつ珠の存在を聞くことによってはじめてそれに気づくということは、どのようなことを意味しているか」などがある。それぞれの回答としてたとえば、「珠とは自分の心の奥底にある如来蔵、尊厳性、人徳、道徳性ともいえるものである」、「如来蔵に気がつかず、悪い誘惑や安易なものへと流されてしまう状況」、「如来蔵をもつにもかかわらず、他者に指摘されてはじめて気がつくということ」などが考えられる。珠をもつという設定は自己ただ一人に当てはまるものではない。それはあらゆるものに当てはまることであり、自己を含めたあらゆるものの中に尊厳性があり、動物や自然についてもそのようにいえるということを交えて、人間存在について考えさせていく授業が考えられる。いずれの譬喩をつかう授業においても、単にあらゆるものの尊厳性について知るだけでなく、それを認識した上で、自己や他者がもつ尊厳性を大事にする生き方への模索にまで拡げていくことができるとよいだろう。

(三)『法華経』の譬喩をつかう道徳授業の課題

『法華経』の譬喩をつかう道徳授業をおこなうときに想定される課題をあげる。第一に、対象となる子どもたちの発達段階に譬喩の提示の仕方や発問の内容が合わないとき、授業がわかりにくいものになったり単純で退屈なものになるという点である。両譬喩はそれ自体としては単純な話であるため、絵や劇画を資料に取りいれたり発問を容易にするという工夫によって小学校低学年の子どもたちにとっても馴染みやすいものになる。

第二の課題は、発問に対する子どもたちの回答を整理、統合していくことが難しい点である。譬喩のもつ性格上、解釈に多様性があることは当然であり、それがむしろ議論を深めるという長所がある。また、ひとつの解釈にまとめあげることが授業の成功であるとはいえない。しかしながら、道徳授業によって何を得たのかについて子どもたちが明確に意識しないまま授業がおわってしまえば、その授業は子どもたちにとって不満足なものとなる。したがって、両譬喩が「一切衆生に如来蔵あり」ということを知り、人間存在について考えさせる題材であることを教師が常に念頭に置くことが大切である。授業のおわりには、あらゆるものが如来蔵をもち、それは現段階においてみにくいものであっても尊厳性をもつということを示唆することによって、さまざまな解釈の可能性を残したまま、如来蔵思想にもとづく授業をおこなうことができるだろう。

第三に、如来蔵思想のみでは、人生において苦しみが生まれる理由や必然性について説明され得ないという課題がある。(25) 道徳授業において、あらゆるものの如来蔵を信頼することを強調するだけでは、人間存在についての一面的な理解にとどまってしまう。なぜ現時点で如来蔵があらわれでていないのかについて子どもたちが考える機会をつくることによって、矛盾性をもつ人間存在についての認識はより深まるだろう。そこでつかうことができる資料は『法華経』の中の「火宅三車の譬喩」である。「火宅三車の譬喩」のあらすじは以下の通りである。(26)

ある国に、非常な富豪がおり、大きな邸宅をかまえて、大勢の子どもをもっていた。あるとき、この邸宅に火事がおこったが、その家の中の大勢の子どもたちは何も知らずに遊んでいた。長者はこれをみて、大声で「火事だ、外に出なければ危ないぞ」と叫んだが、子どもたちは驚きもせず遊びつづけていた。火の恐ろしさや焼け死ぬことの怖さを知らず遊んでいるのであった。

長者はこの災難から子どもたちを救うために、子どもたちに、好きな玩具が家の外にあることを知らせた。羊のひく車、鹿のひく車、牛のひく車の三車である。「早く門の外へ出なさい。珍しい車がお前たちのものになるぞ」と長者は告げた。子どもたちはこれを聞いて喜び、われ先にと門の外へ飛び出した。長者は安心したが、子どもたちは三種の車がないので長者に尋ねた。その時長者は、「子どもたちよ、三車のことを聞いてよく外へ出てくれた。それでは三車よりずっと立派な、大きな白い牛のひく車をあげよう」といって、大白牛車を子どもたちに与えた。ここでの三車は方便（さとりへ近づけさせる方法）であって、大白牛車こそ最高の生き方である。火のついた家は濁悪な世の中をたとえ、それを知らずに遊んでいるのは覚を得ていない迷える人々をたとえている。遊びに夢中になっていて、今いる家の火事の危険に気がつかない人々の姿と、煩悩に苦しむ人間存在であるにもかかわらず、目先の娯楽にとらわれている危険性について考えることができる資料である。さらに人間存在について深く取り上げるには、『法華経』の七つの譬喩を道徳授業で連続的に取り上げるという方法が考えられる。

如来蔵思想は、子どもたちに次のことを教える。すなわち、現在の自分がたとえつまらないものであっても、決して失望することはない。なぜなら、今の自分の迷いに満ちた心の奥の奥には、覚っていくべき性質が潜んでいるからである。(27) 一方で、人は自分自身と真理以外には何ものも頼りにしてはいけない、という厳しい考えをも如来蔵思想は根拠づけている。この考えは釈迦が生涯説きつづけたものといわれており、「汝たちは自分自身を灯明とし、自分自身をよりどころとせよ。法（教え）をともしびとし、法をよりどころにせよ」という偈によって知られる。(28)釈迦はどんなに苦しい中に立っても他者を慈しむ心を忘れず、無理をいう人があっても腹を立ててはいけないと教え、自身も苦しい世の中で忍辱（辱めに堪えること）のおこないをしたと伝えられている。自己の如来蔵を信頼するということは、釈迦のおこないを見習い、実行しようと考え、心を明るくして喜ぶことである。(29)それはわれわれの心の煩悩を除いて清浄な心になり、清浄なおこないをするような力を得ることである。それは決して神頼みであったり他者へ依存した生き方ではなく、自己の向上を厳しく追求していく生き方である。すなわち、如来蔵思想は、向上心をもつ人に希望を与えるとともに、他方で努力しつづけなければならないことを教えており、厳しさをももつ。そして、親への孝行や他人への親切なおこないの必要性を根拠づける。

最後に、観世音菩薩（世のなかの人々の声を聴いて救いだす菩薩）のはたらきについて取り上げることにより、他者の如来蔵を尊重するとは具体的にどのようなことであるかについての一例を提案する。観世音菩薩はこの世において人々を苦難の生活から救済する役割をもつ。三十三身十九説法といい、観世音菩薩は「仏、天人、長者、居士、婦女、童子等」種々の相になってあらわれる。すなわち、あらゆる境遇に応じて種々の相となって世の中の人々を救済する。たとえば、病気の人を救済するには医者となってあらわれ、学問を欲する者には教師となってあらわれ、子どもを育てるには親となってあらわれる。観音精神とは、すべての者を活かしてはたらかせ、それに生命を与えるものである。(30)他者の如来蔵を尊重するということは、いい換えれば他者を大事にすることであり、それは心がけ次第で職業にかかわらず誰もがおこなうことができるものである。したがって、教師にとっても、子どもたちにとっても、自身が観音精神をもちたいと考え、それを実践することができるとき、如来蔵思想の道徳的意義は果たされているということができるだろう。

本章で論じてきた道徳授業はまだ仮説の段階であり、実証されていない。したがって、実践をおこなうことによって論証を積むことが今後の課題である。

註

（1）雲藤義道「宗教的情操と道徳的良心」（『道徳教育』四五号、明治図書出版、一九六五年）二一—二八頁。さらに、人間とは何かについて考えるところからはじめなければならないとする指摘がある（桑原知幸「人間尊重の精神と信頼」〈『道徳教育』一〇八号、明治図書出版、一九六九年〉二二—二九頁）。

（2）鈴木修学『道徳と宗教』青山書院、一九五九年、二〇—二二頁。

（3）今日、読み物資料をつかう従来の道徳授業の課題やその改善案が提出されている。たとえば心情把握型の読み物資料をつかう道徳授業においては、子どもたちは登場人物の気持ちを推測したり共感や追体験をすることがもとめられるが、この方式の授業が道徳的実践力を身につけさせるかどうかについては明らかではなく、道徳的価値を自覚させるには至らないと批判される（柳沼良太「問題解決型の道徳授業の理論と方法——デューイの道徳教育論と関連づけて」〈『道徳と教育』三二六号、日本道徳教育学会、二〇〇八年〉一六八頁。土井雅弘「在るべき道徳の時間」〈『道徳と教育』三二六号、日本道徳教育学会、二〇〇八年〉二五九頁）。一方、問題解決型の読み物資料をつかう道徳授業についても批判されており、心情把握型の道徳授業と比べて資料の読み込みが浅くなり、ねらいとする価値に近づきにくいと指摘されている（柳沼、前掲論文、一七二—一七三頁）。これらの指摘と同時に、それらに対する新たな改善案が提出されており、子どもたちの実際生活に反映するような道徳授業を創造するための研究が進展している。

（4）日本連合教育会編・編者代表天野貞祐『宗教的情操の教育——その原理と方法および資料』日本連合教育会、一九六八年、二三・四八頁。

（5）高崎直道『仏性とは何か』法蔵館、一九九七年、四五頁。煩悩は心身をわずらわし悩ませるもので、「貪、瞋、痴、慢、疑、見」を根本とする。煩悩を断じることによって覚の境地があらわれると捉えられる。

（6）雲井昭善『仏典講座一〇　勝鬘経』大蔵出版、一九七六年、二三五頁。

（7）平川彰『インド　中国　日本　仏教通史』春秋社、一九九七年、四五—四六頁。

（8）高崎直道『如来蔵思想の形成——インド大乗仏教思想研究』春秋社、一九七四年、一〇六頁。

（9）中村元『「維摩経」「勝鬘経」』東京書籍株式会社、二〇〇三年、七五頁。

（10）『勝鬘経』の解説書や訳書として次のものを参照した。高崎直道『大乗仏典一二　如来蔵系経典』中央公論社、一九七五年。雲井昭善『仏典講座一〇　勝鬘経』大蔵出版、一九七六年。中村元『「維摩経」「勝鬘経」』東京書籍株式会社、二〇〇三年。

（聖徳太子の『勝鬘経義疏』についての解説書や現代語訳については、高神覚昇『勝鬘経講義』八雲書店、一九四四年。四天王寺勧学院編『現代語訳　勝鬘経義疏』宗教印刷株式会社、一九七六年、を参照）

（11）註（6）に同じ、四四頁。

（12）註（8）に同じ、四一八頁。

（13）註（6）に同じ、六四・六六頁。

（14）同書、七六—七七頁。奥田慈應「解説」（四天王寺勧学院編『現代語訳　勝鬘経義疏』宗教印刷株式会社、一九七六年）二二九頁。

（15）梵語は順に「sammā-diṭṭhi, prasanna manas, sammā-vācā, sammā-kammanta, sammā-ājīva, samyag-vyāyāma, samyak-smṛti, sammā-sammādhi」である。
（16）井上球二、渡辺照敬『イラスト・仏教入門』三学出版、一九七九年、九九—一〇〇頁。
（17）註（8）に同じ、一〇五頁。四天王寺勧学院編、前掲書、五七頁。
（18）註（2）に同じ、五四頁。
（19）註（6）に同じ、一二四頁。
（20）註（8）に同じ、二六〇頁。
（21）七つの譬喩に「薬草開眼の譬喩」を加えて八つとする説もある（望月一憲「法華経の譬喩について」〈『印度学仏教学研究』第一五巻第一号、日本印度学仏教学会、一九六六年〉三八二—三八五頁）。
（22）現代語訳については松濤誠廉、長尾雅人、丹治昭義訳『大乗仏典　第四巻』中央公論社、一九七五年、一二三—一三一・二四四—二四五頁を、解釈については平川彰、望月良晃『法華経を読みとく　上』春秋社、二〇〇〇年、九〇—一〇二・一六七—一六九頁を参照。
（23）鈴木修学『法華経七喩の話』青山書院、二〇〇〇年、六六—六八頁を参照。（本書第二章第三節の一部でもこの譬喩については検討している）
（24）同書、七〇—七一頁を参照。
（25）註（8）に同じ、一〇七頁。
（26）註（23）に同じ、六五—六六頁、を参照。
（27）註（2）に同じ、九三頁。
（28）註（16）に同じ、一四一頁。
（29）註（2）に同じ、六頁。
（30）同書、一四七頁。

終章

第一節　如来蔵思想とその教育的道徳的意義

われわれは実際生活において自己実現のよろこびを漠然と意識し、また逆境にあってもそれを克服したいというささやかな希望をもちながら生きる。このような漠然とした一連の心理を如来蔵思想は概念的に自覚することを促している。仏教は「空」を中心的に説く思想であるにもかかわらず、その一方で如来蔵思想が如来蔵を実体視させたことの意義は、目にみえるかたちで人間の尊厳性を示すことにより、さらにわれわれが覚へと一歩をすすめる勇気を与えることにあったのではないだろうか。本論で検討してきたように、如来蔵思想は仏性思想という名で知られるものの、中観思想や唯識思想と比べると、仏教思想として有名なものではなく、如来蔵思想という名も近年になってつけられたものである。しかしながら、本来、すべての人間は仏性、すなわち如来蔵をもっていると捉えるところにこそ、空観をもつことの意味もあらわれ、自己やものごとへの執着をとることにより、だれもが覚ることができるという考え方も意味もあらわれるのである。

如来蔵思想は仏教思想の一部であり、もちろん如来蔵思想は仏教思想の他の思想の影響をうけ、あるいは与えてきているのであり、如来蔵思想だけを取りだすということは不可能なことである。そこで本書ではタイトルに如来蔵思想を掲げながらも、あるときは禅の思想を、あるときは唯識思想を一緒に考察してきたわけであるが、本書の流れは「覚」の可能性、「覚」と自己形成、「覚」の諸相というように如来蔵思想の「一切衆生悉有仏性」を基本的な軸として連続性をもたせた。本研究は、如来蔵思想の歴史的文献学的研究ではなく、如来蔵思想が現代の人間形成にどのように教育的道徳的意義をもつかを追究するものであるため、高崎直道をはじめとした博学な研究に学びながらも、それらの研究で検討されている如来蔵思想に関する経典や論典について、サンスクリットから漢文に至るまですべてを検討するという作業はおこなうことができなかった。一応の考察をおえたところで本論の第一部、第二部、第三部について、以下にそれぞれまとめておきたい。

(一)「覚《さとり》」の可能性のまとめ

現代人はストレス社会に生きているといわれ、また人それぞれに苦しみをもっており、常に変化をしながら生きている。常住不変の安心の中で生きている人は多くはないだろう。一時の安心もすぐに煩悩がおおいかぶさってしまう。しかしそれを乗り越える可能性を人間はもっていることについて、第一部第一章の「わが国の人間形成観――鈴木大拙、西谷啓治、久松真一による『覚』の人間像の再検討」の中で論じた。諸苦を環境に帰属させるか、あるいは自己に帰属させるかといったときに、たとえばわが国の仏教思想家である鈴木大拙、西谷啓治、久松真一はみな後者の考え方に当てはまる。彼らは三者ともに、苦の人間から覚の人間への転換を説く。鈴木は苦の人間像を比喩的に「卑しい境遇の奴隷」、すなわち生きる芸術家との対比から捉える。西谷は苦の人間像としてニヒリズムの特徴を挙げる。久松は「二元論的立場」を否定的に捉える。一方で、覚の人間像について、鈴木は「随所が中心となる円周のない円相」とあらわし、西谷は「意識を突破したところからの自己省察」をする自己や「自己の限界と超越とを繰りかえす自己」と捉える。久松は「真の仏教的主体」という表現をする。さらに、苦の人間から覚の人間への契機として、第一に鈴木はそれを「一本目のロウソクを点じる」というように、第二に西谷は「自己と事物一切の根底にリアルに潜む虚無がリアルに自己に現前し、自己を含めてあらゆる事物が疑問と化す」というように、第三に久松は「波から水に還元翻転する」というように捉える。

以上は自己に対する存在論的な考察であったが、より現実的にみていくと、たとえば現代社会の中では、多くの人がストレッサーから逃れようとしたり、やらなければならないこととやりたいこととを区分し、やりたいことにも時間をつかうこと、すなわち気分転換をする時間をつくらなければならないと考えたりする傾向がある。他方で「自業自得」という人間観は、むしろ泥の中にありながら、自身の心を鍛えることをすすめるものであり、困難な環境にあってもその中で自分を鍛えるという楽しみをみいだすことを教えてくれるものである。自分がまいた種は自分がかりとるしかないという考え方は、唯識説からみいだすことができる。このことについては第一部第二章の「唯識説における自業自得の人間観と自己変革の歴史像」の中で論じた。自業自得を根拠づける唯識説の存在論、唯識説における苦の人間存在に関する分析として、アーラヤ識の概念や業の思想が意味することは、「現在結果としてあらわれているものはすべて過去の自己の行為によるものである」という論理である。その一方、苦から覚への人間の変革可能性に関する理論も存在するという点で、唯識説は希望のある理論であり、この理論は「絞りの譬喩」や「衆盲模像の譬喩」によっても説明される。自業自得の考え方は自己省察や自己変革の議論をみちびくものである。

だれもがこのように自業自得の論理の中に生きながらも、自身の内にある如来蔵を信じることによって、苦しみの生活からそれにとらわれない生き方へと変革することができる可能性をもっていることについては、『如来蔵経』における蓮華の描写によって視覚的にもあらわされており、第一部第三章の「『如来蔵経』における『苦』と『覚』」ではこれに関する議論を中心におこなってきた。大乗仏教における「現にある人間」と「あるべき人間」の特徴については、凡夫と菩薩との対比から論じることができる。一方は「貪瞋痴」の三毒をもつ人間として、もう一方は「六波羅蜜」を実践する人間として特徴づけられる。「現にある人間」と「あるべき人間」との関係性は如来蔵思想の中で明確にされており、「現にある人間の中には、あるべき人間の可能性が含まれている」こと、「しかしながら、現にある人間は、自身の中にあるべき人間の可能性が含まれていることに気づかずにいる」こと、「現にある人間はあるべき人間の可能性に気づき育てていくことによって、あるべき人間になることができる」こととして集約することができる。とくに実践においては、自身や他者の中にある「あるべき人間」の可能性に対する信が必要であり、信なくしてはそれを育てていくこともできない。教育においては、個々の子どものもつ如来蔵に対する信をまず大人がもっていく必要性があるのではないかということを論じた。

(二)「覚」と自己形成のまとめ

以上のような、第一部における「『覚』の可能性」についての検討をふまえて、第二部で考察した内容は「『覚』と自己形成」である。自分で自分を守るのではなく、みずから他者のために生きぬく決意をするとき、それが初発心となって覚への自己形成がはじまっていく。自分のもつ財産、地位、名誉、見栄などをすべて捨ててもよいという決意をすることは実生活の中でなかなかむずかしいことであるが、それをきっかけにひらけてくる世界がある。

出会う人やものすべてが自分にとって学ぶべき対象となり、すべてがありがたいものとして立ちあらわれてくることについて、善財童子の旅から知ることができる。ストレスは無意識の内にであっても自分が環境に対して抵抗するときに生まれるものであり、あらゆるものを自分を磨いてくれるものとしてみることができると、ストレスを感じることもなく、人間的に向上することができ、ひいては他者からの信頼を得ることにもつながるであろうことについて、第二部第一章の「『華厳経』における善財童子にみる自己形成観」の中で主に考察した。『華厳経』における自然観として、具体的には「如来性起品」における如来の出現の相と、華厳教学における事事無礙の法界縁起について考察し、それらの特徴として、第一にあらゆるものに仏性を認める自然観であること、第二にその根源をひとつの如来として捉える見方であること、第三にこれらを知るのが事事無礙法界を知るということであり、このことは如来によってのみ知られうるものと整理した。さらに、善財童子の修道をそのモデルとして『華厳経』における自己形成観を検討し、善財童子が成就した、「あらゆるものから学ぶ」という生き方の中にこそ、現代人が学べることがあると提起した。事事無礙法界の自然観に裏づけられた善財童子の自己形成は、道徳教育として生命や自然の尊重、環境保全が重視される今日において、それらを人間の義務として捉えるのではなく、心の中から湧き起こるものとして捉える可能性を教えてくれるという点で意義があるだろう。

さらに、自分の苦しみからいかに抜けだすかを考えるより先に、他者の苦しみを除きたいと考えるという慈悲の概念についても検討し、それこそが自己が覚へ近づくことであり、自我への執着から抜けだすことにもつながるという論理について検討した。一見すると、そのような暮らしはたんなるお人よしのようにもみえるが、そうではなく、自分よりも他者を優先して考えることによってひらけてくる世界はそのような体験をつうじてこそみることができるのだろうということに関して、第二部第二章の「『慈悲』からみた自己形成――受けとる慈悲から与える慈悲へ」の中で考察した。

久松による人間の四分類における第四の覚の人間の特徴として、自己の否定によって仏性があらわれるということ、ポストモダンへの活路になるということが挙げられる。共同体における慈悲という初期仏教における慈悲の概念は、大乗仏教を経て愛憎の次元を超える慈悲という概念として広まっていく。『法華経』にみる覚の人間を考察する中で、具体的には『法華経』の中に仏のはたらきにおける平等性、多様性、他者に対する尊重の精神としての慈悲が描かれる一方で、自己が仏になることの可能性や、自己が本来なるべき仏や菩薩の究極目的についても描かれ、それらと関連づけながら久松による覚の人間の特徴を考察した。

そしてこのように、仏のような生き方をすること、如来の性質をあらわしだしていくことこそが「真の自己」になることであり、他方で煩悩に包まれていた自己は決して本来の自己ではなかったということを「十牛図」の検討によって示した。自分の利益や権利を優先させることをやめるということが、われわれにとって手に届かないようなむずかしい生き方であるのではなく、そのように生きることこそが、もとめていた「真の自己」に近づくための真の近道であるということについて、第二部第三章の「禅仏教の『十牛図』にみる自己形成観——上田閑照による「十牛図」解釈の再検討」の中で考察した。禅仏教の人間形成観を示す「十牛図」は、今日の教育学における生涯発達について検討する上でも意義ある教材である。第十までからなる図のうち、第一「尋牛」乃至第七「忘牛存人」の漸修的自己形成観と、第八「人牛倶忘」・第九「返本還源」・第十「入鄽垂手」の相即相入的自己形成観とを便宜上、分けて考察するのが上田閑照による方法であり、前者は仮の到達点にまでしか達することができず、後者に至ってはじめて「真の自己」があらわれる。さらに、第八「人牛倶忘」が示す平等、空、縁起ともいえるものと、第九「返本還源」が示す差別、仮、諸法ともいえるものとを連関的に捉える可能性について検討した。また第七図から第八・九・十図への飛躍のむずかしさについても言及した。

(三)「覚」の諸相のまとめ

以上のような第二部の検討をふまえて、さらに第三部では「『覚』の諸相」について論じた。苦は覚と即非的に自己同一であるということを身をもって知る体験がふえれば、生活の中で苦を覚へとすぐに転じることができるようになるだろう。苦と覚の即非的自己同一性について理論的に説明するのが「三性三無性説」であり、この点に関しては第三部第一章の「唯識説における三性三無性説」の中で論じた。唯識説の大乗仏教史的位置として、唯識説は如来蔵思想と関係が深く、ついには如来蔵思想をも取りこんでしまったこと、唯識説の主な構成要素の内、「心意識説」と「三性三無性説」があるが、後者は遍計所執性、依他起性、円成実性の関連性を論理づけるものであり、苦と覚との即非的自己同一性を示すものであること、さらには三性説それ自体を空説と相即の関係にするために三無性説が説かれること、『摂大乗論』において三性三無性説は「夢などの譬喩」や「金土蔵の譬喩」として説明されることについて検討した。「覚」の諸相として認識論的な部分を論じながら、一方で現実に目をむけるとき、われわれは日常の中で「差別」ということばをマイナスのニュアンスでもちいることが多いということがあり、それはたとえば自分が不利益をこうむったとき、あるいは他人の不幸をみたときなどにもちいる語であることに気づく。しかしながら仏教において諸現象はすべて「空」の中で捉えられるものであり、諸現象はただひとつとしてつながりをもたないものはないと考えられる。したがってすべてのことがらには原因があり何らかの環境との作用によって現象としてあらわれていると捉えられるのである。

自業自得の人間観において、一見不利益をこうむったと感じることも、すべてはみえないところにおける自身の過失のなせる結果であると考えることによって、「平等」と「差別」に関しても、「覚」の観点から捉えることが可能となる。たとえばジェンダーに関して検討しながら、ジェンダーにかぎらず、すべての目にみえる差異について、一貫した仏教的な見方があるということを検討したのが、第三部第二章の「仏教における『平等』と『差別』――仏教における女性差別の問題を中心に」である。「真如法身」としての平等と「変化別異」としての差別という仏教思想上の平等と差別の概念を精査し、仏教思想の文脈における平等は、たんに表面的にみえる部分での等しさを意味するのでないこと、差別という用語についても、われわれが日常それをつかうときに想定するような否定的なニュアンスは必ずしも含まれないことについて検討し、平等と差別をそれぞれ「真如法身」と「現象諸法」という語に置き換えて、空と如来蔵と平等の関係性を考察した。この世における差異という意味での差別に執着することなく、清浄道をだれもが歩むことができるという点に平等性があり、その平等性に着目して説かれたのが如来蔵思想であるといえる。このような理想主義的な思想がある一方で、仏教の歴史的な展開の中で女性たちが貶められてきたことが事実としてあったという意味では、フェミニストたちによる仏教への批判は妥当性をもつ。この批判を反省として未来へつなげるためにも、男性原理と女性原理の統合、すなわち智慧と慈悲の統合について今後考えていくことが課題となる。

平等と差別の議論から、次に利己主義、利他主義という点に視点を移した。「空」の思想との関連からもいえることであるが、自分の利益と他者の利益とが背反するものではないこと、利益というものは全体の分量が決まっていて、その中から取りあいをするものではないということを『瑜伽師地論』は示している。たとえば身近なところで環境問題についていえば、環境のためを思って行動することがかならずや自分の生活にかえってくるということを信じてわれわれは環境を保護しようとする。「自利・利他」という概念は論理にかなったものであり、他者を大事にすることがひいては自己を大事にすることであるという理論を説明するのではないか、という点について第三部第三章の「『瑜伽師地論』における『自利・利他』についての一考察」の中で検討した。「利己」対「利他」という観念を今日もちいることが多いが、「自利・利他」という観念がインドを経て中国、日本にも存在していること、『瑜伽師地論』における「利他の混じらぬ自利」と「自利の混じらぬ利他」の章では、「単にそれだけのものである自利」や「単にそれだけのものである利他」が否定されていること、「人格の完成」の過程として「自利・利他」を捉えるということが、「自他不二」、「万人一体観」、および「自他平等」という世界観の中では当然のこととして受け入れられるものであることについて検討し、いったい何が利他的行為であるのか、また利他とはそもそも何であるのかについて根本的に議論をすすめることをも道徳教育と並行しておこなっていくことの必要性を提示した。

以上に考察してきた「覚」の諸相を道徳教育の資料としようとするとき、たとえば『法華経』には七つの譬喩が説かれており、そのような物語は仏教の人間観や世界観を考える上で有効である。したがって、道徳の授業における資料としても積極的につかっていくことが可能であることを示したのが、第三部第四章の「『法華経』の譬喩をつかう道徳授業の可能性」である。如来蔵思想の道徳的意義として、この思想が仏教におけるある特定の派に偏るものではないということが挙げられる。たとえば如来蔵思想に関係の深い『勝鬘経』の中に如来蔵思想の特徴をみると、在家の女性という、当時もっとも僧侶に遠い存在とみなされていた者が仏に対して自身の覚の内容を披露するという設定それ自体が、如来蔵思想を前面にうちだしたものであることを表明しているようにみえる。この経は、理想の実現をめざして人生を切り拓く原動力の役割を如来蔵がもつことや、その原動力が自己の内部にあることへの信頼が実践への努力を促すことを示している。『勝鬘経』も物語形式である点で道徳授業につかいやすいが、さらに『法華経』は七つの譬喩を提示している点で資料としてつかいやすい。中でも「長者窮子の譬喩」と「衣裏宝珠の譬喩」は如来蔵思想にもっとも関係が深いものであり、これらをつかう道徳授業について発問の例を交えて考察した。『法華経』の譬喩をつかう道徳授業の課題として、子どもたちの発達段階に合わせた譬喩の提示の仕方や発問の内容が必要となることや、譬喩のもつ性格上、解釈に多様性があるために、発問に対する子どもたちの回答を整理、統合していくことが難しい点、如来蔵思想のみでは、人生において苦が生まれる理由や必然性について説明されえない点を提起し、可能な解決策を提案した。

以上、本論をまとめたが、如来蔵思想に関する資料は本論で触れることのできなかったものもさらに膨大にあり、今後は現代的な問題との関連からさらに詳細に検討し、現実的な課題に答えるものとしてまとめたいと考えている。本稿の序章では如来蔵思想を視覚的に把握するために蓮華の譬喩を提示したが、ここにも蓮華に関する譬喩として『法華経』「従地涌出品第十五」の中の一節を挙げておきたい。この譬喩は序章で挙げた譬喩よりもさらに世間との関連性を示すものといえる。「善く菩薩の道を学して、世間の法に染まざること、蓮華の水に在るが如し」。(1) この譬喩は、「世間の人といっしょに住みながら、世間の法に染まない。[……] 世間のできごとの影響を受けたり、世間の人に感化されたり、世間の煩いを受けたりするということはない」ということを、「泥と続いておりながら、しかも泥の穢れを帯びないできれいな花が咲く」蓮華にたとえているのである。(2) 如来蔵思想の提示する人間像はこのように、自己向上に対する強い意志と忍耐をもつ人間であることを、ここから知ることができる。

第二節　如来蔵思想からみた「仏教的教育人間学」の可能性

(一)「教育人間学」、「教育的人間学」とは何か

本研究は「仏教的教育人間学」とよばれる研究に今後位置づいていくと考える。これまで「仏教的教育人間学」という分野はまとまった研究領域としてつくられていない。そこで「仏教的教育人間学」を研究領域のひとつとして位置づけるために、その付近に位置する「教育人間学」、「教育的人間学」、「仏教的教育学」、および「仏教的人間学」の研究を整理し、その後「仏教的教育人間学」の特徴と、如来蔵思想からみた「仏教的教育人間学」の可能性について検討してみたい。

まず「教育人間学」ということばは、さまざまなニュアンスをこめてつかわれているため、一概に定義することは不可能である。『人間・ヒトにとって教育とはなにか――教育人間学の試み』の中では、カント (Immanuel Kant, 1724―1804)、ルソー (Jean Jacques Rousseau, 1712―1778)、デューイ (John Dewey, 1859―1952) などといった西洋の思想家たちが取り上げられており、(3) その背後には「いかにして人間の自己形成の過程のなかで本来の人間らしさを見失うことなく、より人間的な発達と教育の道を切り開いていくか」という人間学の課題や、「人間にとって本当に必要な教育とは何か、その教育が目指す人間性、あるいは人間らしさ(人間にとってナチュラル)の基本とは何かという本質的な問題」があるという。(4)

また教育哲学者の小林博英(一九二九―一九八二)による著書『教育の人間学的研究』の序言において、

「小林教授の教育哲学の根底にある人間および存在理解に関してぜひとも触れておかねばならないのは、苦悩の意味、つまり人間的苦悩を通じてはじめて輝き出る人間の尊厳・価値という問題である」と哲学者の稲垣良典（一九二八― ）が紹介するように、(5)教育人間学の背後にはそれを語る主体の人間観が存在するという。稲垣が讃える小林の思想として、「様々の人間的苦悩を通じて浄化され、輝きを発し、実現されるような人間的価値こそ、すべての教育者が子供たちにおいてめざめさせ、育成しなければならない究極の価値」というものがある。(6)

小林は「教育学的人間学」について、M・J・ランゲフェルド（Martinus Jan Langeveld, 1905―1989）の思想を中心に考察している。小林は人間学的に示される存在方向性として以下のものを挙げる。「絶望に耐える存在への勇気、一番深いところで生を受け容れる存在への信頼、存在の不安に抗する存在の開花や完成へかけるユートピアの希望、存在への懐疑や自己の存在への倦怠に打ち勝つ存在の喜び、人間の責任性の自覚と受容、意味の充足を求めての究極的関心、精神の狭隘さを自由へと解放する宇宙的遊びの態度、人間の尊厳性の裏からの証明としての人間的苦悩の畏敬に満ちた受容、共同体への創造的自己開放、人間の個性・類的・全体的存在の恢復［……］」である。(7)その上で「これらの条件を満たした教育のあり方は何か、そこでの人間関係の様態にとって何が本質的であるか（ボルノーの教育的雰囲気の考察等）、教師の人間学的条件は何か（ランゲフェルド）、教育の場はどのような条件のもとに確保されるべきか、教材や教材をとおしての経験の統合はどうあらねばならないか、基礎学習と知的創造とはどう結びつけうるか、等々といった要請が導き出されてくる」と論じている。(8)

小林は、教育人間学へのわが国における先駆的な試みをした人物として森昭（一九一五―一九七六）を評価しており、教育学者の和田修二（一九三二―　）も、森を、戦後にドイツとほぼ同時期に総合科学的な人間研究をおこなった人物として評価する。(9) 森は『教育人間学――人間生成としての教育』の中で、「『教育』とよばれている事象を『人間の生成』として捉えることによって、もっとも広い視野のなかで、教育の理論的、実践的本質にいっそう深く迫ってゆけるかも知れない」と指摘し、(10)「教育の研究は、世界の内に生まれ生活する人間の生成にかんする一切の学的研究成果を媒介としてこそ、実り多く進められるのではなかろうか」という考えを著書の中で具現化している。(11)

森による『教育人間学』をひもとくと、森自身、教育学を人間性生成論として展開するという統合的研究（integrated study）が、「言葉の新奇さにもかかわらず、実質的にはいくたの学問において展開されてきたという見解もなりたちうる」として、「人間生成論」という視点からの独自の「教育人間学」を新たな学問として捉えることへの迷いや不安をもっていると告白する。(12) しかしながら森は、「教育とは人間の生成である」、「さらに「教育は人間の生成でなければならない」という立場を研究の出発点とし、(13) そこから「人間生成論」を展開していく。

森は、教育人間学の立ち位置について、教育学の三つの基本領域とされている教育実践学、教育科学、教育哲学との関係を捉えるものという観点から論じている。第一の教育実践学とは、「教育現実において教育をいかになすべきかという問題を中心に」成立するものであり、第二の教育科学は、「教育事象を科学的に〝教育事実〟として研究する」ところに成立するという。さらに、両者の学問の関係性については、教育科学を基礎として教育実践学が構築されるという関係にあるという。[14] また第三の教育哲学は、多様な教育科学の研究成果を「全体として究極的に統合しようとする」ところに成立するという。教育哲学は教育実践に対しては、「全体的、究極的な理念をあたえようとする」ものであるが、[15] 教育人間学はこれらの学問の中にあって「教育研究の指導理念」の必要にせまられるとき、「人間生成」をその理念として立ち上げるという。人間生成という理念は「教育現実における実践のなかで、また教育実践学研究を媒介として、教育諸科学の研究成果の検討、吸収によって、しだいに形象化され具体化されてゆくもの」であり、その過程を反省し、それを体系づけるところに教育人間学が展開される。[16] 以上のように、教育人間学は「体系的教育学に残されているであろう空地を埋めるのではな」く、「そのような空地は存在しない」のであり、「教育諸科学と教育実践学と教育哲学の関係を秩序づけようとする」ところに存在するという。

森の指摘によれば、「文化の客観的象徴体系（文字文化）」、たとえば「四書五経、西洋哲学の古典、仏教の経典、聖書、文芸作品など」には「『教育学』以前の、しかも常識の水準を超えた極めて深い人間教育の理念が、表現されて」おり、「それらはしばしば、教育学の及びえない教育の真理を、民族と人類に伝えている」。[17] また心理学に関して、「人間は、最初から『身体・心理・精神』的存在として在るのではなく、かかる存在へと生成するのだから、この事実をはっきりと認識するとき、人間学的心理学は、本質必然的に、人間生成論的——人間学に発展してゆかざるを得ない」と指摘する。[18] 以上のように、森は人間生成や教育人間学を位置づけながら、人間生成の原理について、「人間生成のいくつかの原理」として、「人間的主体に注目していえば、①人間は未決着のまま生まれる動物である。②人間は世界へと開かれている存在である。③人間は生成によって世界へ開かれてゆく。④人間は自ら決着をつけるべき主体である」と論じ、さらに「人間の世界に注目していえば、①人間は他者に依存することの多い存在である。②人間は生成を社会的に限定される存在である。③人間は歴史的発展過程に関与する主体である。④人間は生成へと自己を解放すべき主体である」という見解をとる。[19]これらの考察を深める中で、「人間は教育を必要とする存在」であり、「世界は人間の生成を必要としている」と結論づけるのである。森の「教育人間学」は、教育諸科学と教育実践学と教育哲学の関係を秩序づける役割を果たすものであり、そこには人間生成という概念が鍵となり中心的な位置を占めるものであった。

さらに和田修二は「教育的人間学」を二分し、人間学には「人間に関する諸科学の知見の総合と考えるもの」と「哲学的人間学と考えるもの」とがあると示し、[20]後者の哲学的人間学について詳細に論じている。和田によれば、哲学的人間学とは「一九世紀の末からあらわとなった理性中心の人間観や文明の進歩に対する懐疑、価値観の対立、ニヒリズムの台頭と、諸科学の発達に伴う知識の増大と人間像の分類という事態を、時代の課題として積極的に受けとめ、全体としての人間とは何かを問い直すことを哲学の今日的な課題と考える」ものであり、「西洋哲学の主知主義的伝統に対する根本的な批判から出発する」ものである。[21]哲学的人間学を、「人間を単なる認識主観としてではなく、自ら知り、感じ、働く主体として、したがって単に理知的にではなく感情と意志とを併せ持つ『全人』として自覚」しようとするものとして捉える。[22]このような自覚が必要であるのは、個別諸科学の分化、専門化の進展にしたがい、「自己の新たな企画や発見が無意味無連関なものとな」ることを防ぐためであり、「自己の企画や発見を全体として意味あらしめることができるよう」にするためである。[23]

和田は教育的人間学について、O・F・ボルノー（Otto Friedrich Bollnow, 1903―1991）やH・ロート（Heinrich Roth, 1620―1668）、M・J・ランゲフェルド、W・ロッホ（Werner Loch）などドイツ語圏の思想家たちによる定義を検討しながらも、自身は「教育的人間学を、全体としての人間の理解を通して個別的な教育事象の意味を問い、また個別的な教育の現象を通して全体としての人間の理解を問い直そうとする点で『人間学的』であり、また日常的な生活事実に即して現にあるものを『それ自身から自己開示する』ように記述し解釈するという意味で『現象学的』な研究」と考える立場をとっている。[24] 和田にとって教育的人間学の今日的課題は「歴史的な転換期に際して、教育という問題をこれまで以上に広く深い連関と展望の下に問い直すことによって、両親と教師自身の教育観の形成に役立つこと、教職以外の人びとにも、大人として共有する教育の課題と責任の自覚を助けること」であるという。[25]

以上、小林、森、和田によるわが国の教育人間学、教育的人間学についての検討を概観してきたが、ドイツ圏からはじまった教育人間学、教育的人間学が、わが国では次のような観点から特徴づけられていた。すなわち、それを語る主体の人間観が存在するものであり、人間の生成という鍵概念と一緒に論じられるものであり、教育実践学、教育科学、教育哲学の関係を秩序づけるものであり、全体としての人間の理解を通したものであり、さらには日常的な生活事実に即して現にあるものを解釈するものというような観点からである。

「仏教的」という冠詞のつく教育人間学、教育的人間学の研究成果については管見の限りではみられなかった。そこでつづいて、「仏教的教育人間学」を研究領域として位置づけるに際して、「仏教的教育学」、「仏教的人間学」について整理しておこう。

(二)「仏教的教育学」、「仏教的人間学」とは何か

「仏教的教育学」ということばはあまりなじみがないが、宗派宗教による教育はこれに該当するといえよう。たとえば浄土宗の教育、禅宗の教育などである。僧侶の育成に貢献する教育機関についての考察や、[26]禅宗の僧集団における労働教育についての検討、[27]真言密教の教育について、[28]あるいは伝教大師の教育など、[29]宗派宗教とその教育に関する研究については、ここで紹介できないほど多くの研究の蓄積がある。また仏教学者の羽溪了諦(一八八三—一九七四)は『仏教教育学』として自身の研究をまとめており、その研究は「教育家としての釈尊」、「仏教の教育的理想」、「仏教の教育可能論」、「仏教の教化的方法論」からなる総合的研究である。[30]また『仏教教育学研究叙説』として自身の研究をまとめる教育学者の大谷時中(一九一三—　)は、ペスタロッチーの教育思想との対比から仏教的教育学を考察する。[31]さらに『近代仏教教育史』として自身の研究をまとめる斎藤昭俊(一九三〇—　)は、その著のなかで、「仏教教育を一つの学問として体系化するためには、仏教教育原理、仏教教育史、仏教教育法が必要」と指摘し、一方でこの「全体系づけはなかなか困難なこと」と述べている。[32]斎藤はこの著書の中で「明治期の仏教教育」、「大正期の仏教教育」、「昭和初期の仏教教育」に分け、井上円了(一八五八—一九一九)をはじめ高楠順次郎(一八六六—一九四五)、鈴木大拙など何人もの仏教学者による教育思想を検討している。仏教的教育人間

学と仏教的教育学の関係として、仏教的教育人間学は、仏教的教育学がその対象とする領域の中では仏教教育原理にもっとも近いものとして捉えることができるだろう。

つづいて、「仏教的人間学」を提唱する大正大学綜合仏教研究所の藤近恵市（一九五六―　）の研究を考察してみたい。彼は『仏教の人間観』の中で、[33]「仏教的人間学」について次のように特徴づけている。藤近によれば、そもそも人間学とは「哲学の範疇に含まれるものであり、人間そのものを様々な視点から考察するもの」である。[34]「仏教的人間学」とは「東西思想を融合した」「新たな人間観」であり、[35]「仏教的な視点を加味した人間学であり、人間と自然、動植物は自分と切り離された存在ではなく、また人間同士も自他不二という一元的立場から見るものである」。[36]さらにそれを、「万物と一体になった自愛の心をもつ人間の学を目指している」とも指摘し、[37]「般若波羅蜜の主客未分性を重要視している」という。[38]藤近が捉える仏教的人間学の精神は、古代のインドにおいて、「ヘレニズム思想を唱えたアレキサンダー大王の東方遠征に始まり、アショーカ王やカニシカ王の仏教精神に基づいた宗教政策の中で育まれてきたもの」であり、「仏教と理性を融合した思想」である。[39]彼はこのように仏教の歴史を古代インドにまでさかのぼることによって、仏教的人間学の諸相を探っている。

藤近が重視する点はいわゆる「覚」であり、それを「釈尊が悟られたダンマ」とよび、まさにそれが「仏教的人間学」の「仏教的」の意味するものであるという。[40]「ダンマに基づいた正しい理性の働き」を志向し、「仏教的な視点を加味して理性を作用させる新たな思惟形態を目指す」こと、「釈尊の説かれたダンマを判断基準にしながら、人間の理性を最上の状態にすることを目指」すことこそ、仏教的教育学の真髄であると論じる。(41) 藤近はダンマについて、「普遍性を有していて、時間と空間を超えた永遠なるもの」であり、「無分別智・根源的な思惟・主客未分・ダンマが主体者に顕わになる・人倫の規範という表現で解釈されているもの」、「理性よりも奥深い所にある何かを指している」と捉えている。(42) すなわち禅定をとりわけ重視し、それにむかうことを重視することこそ、藤近の仏教的人間学の特徴といえよう。

唐澤富太郎は「仏教的教育学」や「仏教的人間学」ということばはつかわないが、仏教的教育人間学を位置づけるにあたって無視することのできない貴重な研究の数々を残している。彼は『鎌倉時代の新佛教と教育的理念――教育的人間観の研究　特に教育の宗教的基礎』の序で、「佛教に於て人間が如何に考えられているかという事が最も興味ある問題」と述べており、(43) 鎌倉時代に新仏教を建設した親鸞（一一七三―一二六二）、道元（一二〇〇―一二五三）、日蓮（一二二二―一二八二）について、「最も典型的な教育の三理想類型を示している」と指摘する。(44)

唐澤によれば「人間を対象とし人間をして人間たらしむる教育の出発点は正に人間そのものの徹見に始まる」のであり、「その人間観はその宗教観と倫理観と端的に結びつき其処にこそ教育の根本動機が存在している」のであり、(45) 宗教や倫理は教育において重要視されるべきものである。「宗教とは人間の生死の問題を解決し人生観の根柢をなし人間の全体的なる実践的統一点である」という観点から、「宗教が現代の教育の根柢に要求せられなければならぬ」と指摘し、とりわけ宗教の現代的意義について論じている。(46) また、「教育に於ける日本的なるもの」に着目し、「鎌倉時代に於てこそ佛教は真に日本的宗教となり得た」という点から、鎌倉新仏教の中にこそ「教育に於ける日本的なるもの」の獲得が可能となると論じる。[47]

彼が注意している点として、「宗門の方からなされた教理の研究」の場合、「その宗派の信仰的立場から、ともすれば宗祖の思想を固定的伝統的な教理観に拘泥して解釈」することにより、「教団発展後の宗派的な解釈に執われる」ことになってしまうということがある。[48] また、「教理内容に深く入ることなしにただその事実をいわゆる歴史的に理解し位置づける」場合、「思想内容そのものの究明に於いて充たされない点が多」いという点にも注意をむけ、[49] 彼自身の研究法として「思想の内面的・主体的把握」を提示する。[50]

唐澤は教育について「人間を対象とし人間をして人間たらしめる」ものと捉えており、その論理的出発点は「人間そのものの徹見に始まる」と指摘する。教育の出発点には「人間を如何に見るかということを深く洞察」してみることが必要になると述べ、彼は鎌倉期の仏教について考察しながら、さらに禅教育についても検討しており、禅教育とは「飽くまでも徹底し、一切を放棄して最後の究極的一を保持しようとするもの」であり、「一切放棄という試練が要求されるもの」であり、人間のもつ欲望的なものを全的に奪うことにより、このことを通して最後のものを与えようとするもの」であると論じる。[51]

唐澤が中世初期仏教の特色として提示することとして、それらが「一乗思想の主体的把握」をなしているということがある。この時代になると、仏教はヒューマニズム的に展開するようになった。「鎌倉時代に至るまでの仏教は、理想的には絶対平等の救済を説きつつ、しかし実際においては差別的な人間観に立脚していた」が、「鎌倉時代に至るや、これらの差別的人間観が崩れて、この時代の人間観は、衆生平等、本覚思想に立脚し、悉有仏性が考えられるに至っている」と指摘する。[52]

唐澤は教育についても、「ただいたづらに末梢的な教育の流行を追うのみでは真に底力のある教育の実践とはなり得ない」と指摘し、[53] 一乗思想に着目する。[54] 一乗思想とは本研究でテーマとしてきた如来蔵思想である。彼の一乗思想に対する評価について以下に引用しよう。

一乗思想は極めて深い人間性把握に立脚しているのであって、それは一面人間の理想的 ideal なる方面を説くものではあるが、しかしそれは反面においてはこれをくらます人間の real な暗黒面すなわち煩悩的醜悪的なる面を遺憾なく具体的にしかもまた実践的に把握しているもので、この点佛教の人間把握の魅力があるものといわなければならない。[55]

このように評価しながら、一乗思想は「人間の暗黒面をそのまま肯定するというのではなくして、これを如何にしてアウフ・ヘーベンして行くかという実践的課題を常にもちつつ把握しているもの」であると加えて論じる。[56]「煩悩がそのまま平面的なる意味において菩提と同一であるというのではなくして、絶対矛盾の自己同一的なる立場においてその同一性を強調するものである」というようにもいい換えている。[57]「一乗思想というのはいわば本来の立場からいわれるものであって、それはわれわれ人間にとって本来の面目であると同時に Sollen 的な性格をもっているものであり、したがってそれはわれわれの絶えざる修行に即してこそいわるるものであって、この修行を離れては考えられないところのもの」と指摘する。[58]

唐澤にとって一乗思想、大きくは大乗仏教とは、「単なるアイデアリズムでもなければ単なるリアリズムでもない」ものであり、「所謂アイデアリズムを超え、またリアリズムを超え、この両者をアウフ・ヘーベンしたいわば高き現実主義ともいうべき性格」をもつものであり、「Sein 即 Sollen, Sollen 即 Sein という両者の矛盾的な動的統一の世界を実践的に把握しているもの」である。(59)

以上、宗派宗教の教育としての仏教的教育学に加え、羽渓、大谷、斎藤による「仏教的教育学」、また、釈尊の覚をわれわれも同じようにえることを目的とする仏教的人間学を提唱する藤近の研究と、一乗思想の意義をみいだす点で本研究と共通する唐澤の研究を中心に検討した。唐澤の研究はとりわけ教育の観点を重要視する点で「仏教的教育人間学」の範疇に含まれるように思われるが、本研究と異なる点として、唐澤の研究はあくまで鎌倉期の仏教思想に範囲を限定して考察しているという点がある。一方で、本書では時代というカテゴリーで研究対象をひとつに定めるのではなく、また地域で定めるのでもなく、如来蔵思想に関わる経典を軸としてさまざまな時代や地域の思想家や宗教家の解釈を織り交ぜながら検討してきた。

(三)「仏教的教育人間学」の位置づけ

仏教的教育人間学には、数々の教育人間学のように、教育方法や教育哲学を論じる上でその媒介の役割を果たすことがもとめられ、教育哲学の根底にある人間存在をクローズアップさせる。それが仏教的観点によってなされるという点で仏教的教育人間学といえる。さらに仏教的教育人間学が仏教的人間学と異なる点は、「覚」だけに焦点をあてるのではなく「覚」と人間形成の関係性について焦点をあてるところにある。そこには常に「苦」から「覚」へというベクトルが暗黙のうちに存在する。そして人々が「苦」から「覚」へと移行するための数々の方法を提唱するのが仏教的教育人間学である。すなわち四諦のうちの道諦の重みを知っており、それを理論づけられるのが仏教的教育人間学である。

唐澤の研究は仏教思想史のカテゴリー内での仏教的教育人間学であったが、本書の立場は歴史ではなくさらに思想に重きをおく。すなわち教育人間学内での仏教的教育人間学といえるだろう。

最後に、仏教学者の玉城康四郎（一九一五―一九九九）による自身の研究についての見解から今後仏教的教育人間学にむかうための姿勢を学んでおきたい。

比較思想の究極の目当ては、著者にとって結局は人類に共通の、根底的に普遍なるものを明らかにしようという一点に尽きると思われる。(60)

普遍なるものを明らかにするため、彼は比較思想に取り組んでいる。真理を明らかにしようとするとき、その対象は仏教思想だけでなく、ほかの思想も対象になるということは当然のことである。しかしながら、仏教思想をいったんその対象にきめてその思想を掘り下げようとするときに、仏教思想に特殊なものだけでなく、普遍なるものを明らかにしようとする姿勢が重要であると考える。その際に玉城は次のような方法をとるという。

筆者にとって、これまでの学的な営みの中心となっている専門領域は、初めから仏教思想である。その思想研究とは、あるいはその思想のなかに入りこんでその根底を見究めようとしたり、あるいは思想の外側に立って客観的にその体質を観察してみることである。(61)

このように、仏教的教育人間学を考察していく際にも、仏教思想だけに範囲を限定することなく、たとえば西洋の思想を検討することによって客観的に仏教思想の特徴を把握していく方法も重要であることがわかる。

さらに興味深い彼の指摘に次のようなものがある。

仏教の秘密に挑戦するとはどういうことであろうか。それは、教理や体系として現われている言語表現の裏に回ることであり、表現を超えて表現自体を産み出している所の奥底に踏み入ることである。(62)

なるほど、仏教は秘密といっても過言ではないような側面をもっている。しかしながら、本来仏教は人間の救済のために生みだされてきたものであるというところに立ちかえれば、その秘密は秘密のままでおわるものではなく、またわれわれを苦しめるための秘密でもない。仏教的教育人間学は机上の空論となってはならず、おこない、体験として理解していくことによってこそ意味をもちうる学となる。そのためには、仏教を専門にして生きる人以外の人たちにとってもわかりやすい学として、またそれをおこなってみたいと思えるような希望ある学として充実した体系づくりがなされていく必要があるだろう。もともとあらゆる人がもっている如来蔵がほころびあらわれでるための機縁となりうるような、あらゆるものの如来蔵を呼び覚ますような「仏教的教育人間学」を少しずつでも構築することが今後の大きな課題である。

註

(1) 小林一郎『法華経大講座七』日新出版、一九六四年、一六〇頁。
(2) 同上。
(3) 柴田義松、小原秀雄、岩城正夫『人間・ヒトにとって教育とはなにか——教育人間学の試み』群羊社、一九八五年。
(4) 柴田義松「教育再考の文明史的意義」同書、二一八—二一九頁。
(5) 稲垣良典「序言」(小林博英『教育の人間学的研究』九州大学出版会、一九八四年) 二頁。
(6) 同書、三頁。
(7) 註(5)に同じ、一五〇頁。引用文中の傍点は小林によるもの。
(8) 同書、一五〇—一五一頁。
(9) 和田修二『教育的人間学〈改訂版〉』放送大学教育振興会、一九九八年(初版は一九九四年)、三一頁。
(10) 森昭『教育人間学(上)　森昭著作集　第四巻』黎明書房、一九七八年、五頁。
(11) 同書、六頁。
(12) 同書、三三頁。

(13) 同書、四〇頁。
(14) 同書、四一頁。
(15) 同書、四二頁。
(16) 同上。
(17) 同書、四九頁。
(18) 同書、五八頁。以下、傍点は森によるもの。
(19) 同書、二〇〇頁。
(20) 註(9)に同じ、二五頁。
(21) 同書、二六―二七頁。
(22) 同書、二七頁。
(23) 同書、二八頁。
(24) 同書、二九頁。
(25) 同書、三〇頁。
(26) 玉山成元「近世初期における浄土宗の教育――とくに関東十八檀林の成立を中心に」(日本仏教学会編『仏教と教育の諸問題』平楽寺書店、一九七一年)二二五―二三八頁。
(27) 平田高士「禅林における作務教育」同書、一七五―一九二頁。
(28) 成瀬良徳「真言密教と心の教育」(斎藤昭俊編『仏教における心の教育の研究』菅英志、二〇〇一年)一三三―一六六頁。
(29) 村田昇「伝教大師と心の教育をめぐって」同書、九一―一三二頁。
(30) 羽渓了諦『佛教教育学』大東出版社、一九三六年。
(31) 大谷時中『仏教教育学研究叙説』三和書房、一九七〇年。

(32)　斎藤昭俊『近代仏教教育史』国書刊行会、一九七五年、一頁。
(33)　藤近恵市「第一部　仏教を中心にした新たな人間観」（大正大学綜合仏教研究所「仏教的人間学」研究会編『仏教の人間観』北樹出版、二〇〇七年）。
(34)　同書、九頁。
(35)　同書、一〇頁。
(36)　同書、一四頁。
(37)　同書、一五頁。
(38)　同書、二三頁。
(39)　同書、二五頁。
(40)　藤近恵市「第三部　仏教の人間観論集一　仏教的人間学の可能性」同書、六四頁。ダンマとはdharma、すなわち法を意味する。
(41)　同上。
(42)　同書、七一頁。
(43)　唐澤富太郎『鎌倉時代の新佛教と教育的理念——教育的人間観の研究　特に教育の宗教的基礎』（「未定稿要増訂」）
(44)　同書、二頁。
(45)　同書、二—三頁。
(46)　同書、三頁。
(47)　同書、五—六頁。
(48)　唐澤富太郎『中世初期仏教教育思想の研究』東洋館出版社、一九五四年、一九—二〇頁。
(49)　同書、二〇頁。

(50) 同書、二二三頁。
(51) 同書、三二二三頁。
(52) 同書、四九二頁。
(53) 唐澤富太郎『教育の基礎としての人間性・運命・宗教』黎明書房、一九四九年、九頁。
(54) 同書、「一乗思想とその伝統——佛教の人性観とその教化」一二二—一四四頁を参照。
(55) 同書、一三九—一四〇頁。
(56) 同書、一四〇頁。
(57) 同上。
(58) 同書、一四〇—一四一頁。
(59) 同書、一四一頁。
(60) 玉城康四郎「まえがき」(玉城康四郎『比較思想研究』講談社、一九八五年)三頁。
(61) 同書、三頁。
(62) 同書、五—六頁。

あとがき

本書は、自身の博士学位論文の成果にもとづくものである。名古屋大学教育学部では教育学を中心に学び、同大学院教育発達科学研究科では人間形成学研究室に五年間所属し学ばせていただいた。教育学という学問に最も近い環境で学生生活を過ごし、かつ幼少期から仏教思想や説話に興味をもちまた親しみをもって育った私にとって、仏教と教育が一体となった研究が博士学位論文のテーマの第一候補となったのは、今から考えると必然的なことであったのかもしれない。

今日、科学技術や物質文明の発達にもかかわらず、多くの人が生きる上で矛盾を感じ悩んでいる。また未来を担う人材を育成する教育現場では、幾多の困難や解決していかなければならない問題が山積している。いろいろな教育理論や教育方法によってそれらの問題を解決しようとする中で、過去何千年と続いてきた仏教思想による解決方法もあると考え、仏教思想と現代の人間形成理論とのつながりを見いだす研究をこれまでおこなってきた。今後は、さまざまな方面から教育に携わる方々に参考にしていただけるよう、さらに実践的な研究が必要であると痛感している。また、より根源的な研究へ深めるべく、仏教思想の原典にあたっていくことの必要性を感じている。

研究および論文作成にあたっては、仏教思想研究に関する諸々の資料や研究から学ぶ一方で、仏教原典を解読するために必要なサンスクリットや漢文の学習にも取り組んだ。また、研究論文執筆、学会発表、学会ジャーナルへの論文掲載、博士学位論文の作成などは、恵まれた環境の中で進めることができた。名古屋大学大学院で研究の方法から内容にいたるまで的確な方向を示してくださり、また寛大なご指導を続けてくださった早川操先生、同大学院でいつも多角的な視点から幅広くご指導くださった松下晴彦先生、服部美奈先生、所属する学会での研究発表において多くのご指導をいただいた佛教大学教育学部教授の竹内明先生、岡山大学名誉教授の行安茂先生、その他これまでご指導をいただいた諸先生方、今日までの私の研究活動を支えてくださったすべての方々に、心からの感謝の意を表したい。また出版を援助くださった国書刊行会のご厚意、担当の竹中朗氏にも感謝申し上げる。お世話になった方々へのご恩に少しでも報いることができるよう、今後ますます仏教的教育人間学の研究と、それにもとづく自己修養に精進していくことを、強く心にとどめている。

二〇一一年七月

岩瀬真寿美

初出一覧

各章の初出と原題は以下のとおりである。本研究では部分的あるいは大幅に加筆、修正をおこなっている。

第一部　「覚」の可能性

第一章　わが国の人間形成観

——鈴木大拙、西谷啓治、久松真一による「覚」の人間像の再検討

「わが国の人間形成観にみる『覚』の視点の可能性——仏教的存在論にみる『即非的自己同一性』の考察」

『名古屋大学大学院教育発達科学研究科紀要（教育科学）』第五四巻第一号、名古屋大学大学院教育発達科学研究科、二〇〇七年、七三—八五頁。

第三章　『如来蔵経』における「苦」と「覚」

「『如来蔵経』における如来蔵思想の教育的道徳的意義」

日本教育学会第六八回大会発表、二〇〇九年八月、東京大学駒場キャンパス。「『如来蔵経』にみる『現にある人間』と『そうなるべき人間』の関係性」日本仏教教育学会第一八回大会研究発表、

二〇〇九年一一月一四日、東北大学。

第二部　「覚」と自己形成

第一章　『華厳経』における善財童子にみる自己形成観

「華厳経における自然観――あらゆるものから学びあらゆるものを尊重する心に関する一考察」
日本道徳教育学会第七三回大会、二〇〇九年六月、日本大学生物資源科学部湘南キャンパス。

第二章　「慈悲」からみた自己形成――受けとる慈悲から与える慈悲へ

「仏教思想における『慈悲』にみる人間形成の意義――受けとる慈悲から与える慈悲へ」
『名古屋大学大学院教育発達科学研究科紀要（教育科学）』第五五巻第一号、名古屋大学大学院教育発達科学研究科、二〇〇八年、七七―八八頁。

第三章　禅仏教の「十牛図」にみる自己形成観――上田閑照による「十牛図」解釈の再検討

「『十牛図』の『覚』にみる自己形成観の意義―『覚』の探求・認識・はたらきの完結性についての考察」
『名古屋大学大学院教育発達科学研究科紀要（教育科学）』第五四巻第二号、名古屋大学大学院教育発達科学研究科、二〇〇八年、一三一―一四三頁。

第三部　「覚」の諸相

第一章　仏教における「平等」と「差別」――仏教における女性差別の問題を中心に

「仏教における『平等』と『差別』——いかに仏教的パラダイムにおける女性差別を克服するか」
『教育論叢』第五一号、名古屋大学大学院教育発達科学研究科教育科学専攻、二〇〇八年、一—一五頁。

第三章　『瑜伽師地論』における「自利・利他」についての一考察
「利他的行為に含まれる『自利』の意味——道徳教育における『自利』の人格形成機能」
『教育論叢』第四九号、名古屋大学大学院教育発達科学研究科教育科学専攻、二〇〇六年、一九—二九頁。

第四章　『法華経』の譬喩をつかう道徳授業の可能性
「仏教における如来蔵思想の道徳的意義——『法華経』の譬喩を使う道徳授業の可能性」
『道徳と教育』第三二七号、日本道徳教育学会、二〇〇九年、七一—八一頁。

文献一覧

参考文献を著者名五十音順で記す。おなじ著者によるものは原則として出版年順で記す。


薊法明「依他起性の雑染性と清浄性について」(『佛教大学大学院紀要』第二九号、佛教大学)二〇〇一年。

安次嶺勲「東洋的道徳観に基づいた道徳教育の指導法についての試論――儒教・仏教からのアプローチ」(『沖縄大学人文学部紀要』第八号、沖縄大学)二〇〇六年。

足達瑛光「唯識に於ける転依の構造」(『駒沢大学大学院仏教学研究会年報』第八号、駒沢大学大学院仏教学研究会)一九七四年。

イースタンブディスト協会、西谷啓治編『回想　鈴木大拙』春秋社、一九七五年。

池田魯参『詳解摩訶止観』大蔵出版、一九九五年。

石上善應「仏教と教育」(『日本仏教教育学研究』第一七号、日本仏教教育学会)二〇〇九年。

磯田熙文「自利と利他」(秦隆真先生追悼論文集刊行会『秦隆真先生追悼論文集　仏教と社会福祉』佛教大学)一九七五年。

市川浩史『親鸞の思想構造　序説』吉川弘文館、一九八七年。

稲富栄次郎『人間形成と道徳教育』福村書店、一九六二年。

稲場圭信「利他主義及びケア精神の発達と宗教」(『宗教研究』第七六巻第四号、日本宗教学会)二〇〇三年。

乾孝ほか『日本〈子どもの歴史〉叢書一　児童観の歴史／教育的児童観の研究』平文社、一九九七年。

稲津稔「経・論にみる人間観Ⅳ――唯識三十頌の識について」(『駒沢大学大学院仏教学研究会年報』第三九号、駒沢大学大学院仏教学研究会)二〇〇六年。

井上球二、渡辺照敬『イラスト・仏教入門』三学出版、一九七九年。

植木雅俊『仏教のなかの男女観——原始仏教から法華経に至るジェンダー平等の思想』岩波書店、二〇〇四年。

上田閑照、柳田聖山『十牛図』筑摩書房、一九九二年。

上田閑照「自己の現象学——禅の十牛図を手引として」（上田閑照、柳田聖山『十牛図』筑摩書房）一九九二年。

上田閑照『私とは何か』岩波新書、二〇〇〇年。

上田閑照『十牛図を歩む——真の自己への道』大法輪閣、二〇〇二年。

上田閑照『上田閑照集　第九巻』岩波書店、二〇〇二年。

上田閑照、岡村美穂子『鈴木大拙とは誰か』岩波書店、二〇〇二年。

上田閑照『上田閑照集　第六巻』岩波書店、二〇〇三年。

上田閑照『人間であること』燈影舎、二〇〇六年。

上田閑照『哲学コレクション（一）宗教』岩波書店、二〇〇七年。

上田義文『佛教思想史研究』永田文昌堂、一九五一年。

上田義文『大乗仏教思想の根本構造』百華苑、一九五七年。

上田義文『唯識思想入門』あそか書林、一九六四年。

上田義文『大乗仏教の思想』レグルス文庫七五、第三文明社、一九七七年。

上田義文『大乗仏教の思想』第三文明社、一九七七年。

上田義文『摂大議論講読』春秋社、二〇〇四年。

上山春平、梶山雄一編『佛教の思想』中公新書、一九七四年。

浮田雄一「近代日本哲学とプラグマティズム（三）——得納文とW・ジェイムズ」（『日本デューイ学会紀要』二七号、日本デューイ学会）一九八六年。

梅原猛『梅原猛の授業　道徳』朝日新聞社、二〇〇三年。

梅原猛『梅原猛の授業　仏教』朝日新聞社、二〇〇二年。

雲藤義道「宗教的情操と道徳的良心」（『道徳教育』四五号、明治図書出版）一九六五年。

エーリッヒ・フロム著、佐藤幸治、豊村左知訳「精神分析と禅仏教」（鈴木大拙、E・フロム、R・ディマルティーノ『禅と精神分析』東京創元社）一九六〇年。

大越愛子、源淳子『女性と東西思想』勁草書房、一九八五年。

大越愛子、源淳子、山下明子『性差別する仏教』法蔵館、一九九〇年。

大越愛子、源淳子『解体する仏教――そのセクシュアリティ観と自然観』大東出版社、一九九四年。

大谷時中『仏教教育学研究叙説』三和書房、一九七〇年。

大橋良介編『京都学派の思想――種々の像と思想のポテンシャル』人文書院、二〇〇四年。

大森崇編『釈迦の本　永遠の覚者・仏陀の秘められた真実』学習研究社、一九九四年。

岡野守也『唯識の心理学』青土社、一九九〇年。

岡野守也『わかる唯識』水書房、一九九五年。

岡野守也・羽矢辰夫『摂大乗論　現代語訳』星雲社、一九九六年。

岡野守也『唯識のすすめ――仏教の深層心理学入門』NHK出版、一九九八年。

岡野守也『大乗仏教の深層心理学「摂大乗論」を読む』青土社、一九九九年。

丘山新『菩薩の願い――大乗仏教のめざすもの』NHK出版、二〇〇五年。

小川環樹他編『角川新字源　改訂版』角川書店、一九六八年。

奥田慈應「解説」（四天王寺勧学院編『現代語訳　勝鬘経義疏』宗教印刷株式会社）一九七六年。

香川義昌『人間と自覚――禅の思想』法蔵館、一九四九年。

梶谷宗忍ほか『信心銘　証道歌　十牛図　坐禅儀　禅の語録一六』筑摩書房、一九七四年。

梶山雄一『「さとり」と「回向」　大乗仏教の成立』講談社現代新書、一九八三年。

梶山雄一『輪廻の思想』人文書院、一九八九年。

梶山雄一、上山春平『空の論理「中観」　仏教の思想〈三〉』角川文庫、一九九七年。

鎌田茂雄『仏陀の観たもの』講談社、一九七七年。

鎌田茂雄『禅とはなにか』講談社、一九七九年。

鎌田茂雄『華厳の思想』講談社、一九八三年。

鎌田茂雄『沈黙の教え――維摩経』集英社、一九八四年。

鎌田茂雄『華厳の思想』講談社、一九八八年。

鎌田茂雄『唯摩経講話』講談社、一九九〇年。

鎌田茂雄『天台思想入門――天台宗の歴史と思想』講談社、一九九三年。

鎌田茂雄『法華経を読む』講談社、一九九四年。

鎌田茂雄『和訳　華厳経』東京美術、一九九五年。

鎌田茂雄、上山春平『無限の世界観「華厳」　仏教の思想〈六〉』角川文庫、一九九六年。

鎌田茂雄『観音のきた道』講談社、一九九七年。

鎌田茂雄『現代人の仏教』講談社、一九九八年。

鎌田茂雄『いのちの探究・大乗仏典に学ぶ』日本放送出版協会、一九九九年。

鎌田茂雄『仏教の来た道』講談社、二〇〇三年。

鎌田茂雄『華厳経物語』大法輪閣、二〇〇四年。

神谷信明「唯識教義における識について――『唯識三十頌安慧釈論』を中心として」(『東海佛教』第一七号、東海印度学仏教学会)一九七二年。

神谷信明「阿頼耶識と依他性との関係について」(『印度学仏教学研究』第二三巻、日本印度学仏教学会)一九七五年。

唐澤富太郎『鎌倉時代の新佛教と教育的理念―教育的人間観の研究　特に教育の宗教的基礎』（「未定稿要増訂」）

唐澤富太郎『教育の基礎としての人間性・運命・宗教』黎明書房、一九四九年。

唐澤富太郎『中世初期仏教教育思想の研究』東洋館出版社、一九五四年。

唐澤富太郎『唐澤富太郎著作集　中世初期　仏教教育思想の研究――特に一乗思想とその伝統において』ぎょうせい、一九九二年。

川田熊太郎「根本無分別智に就いて」（『印度学仏教学研究』第四巻、日本印度学仏教学会）一九五六年。

菅野博史『一念三千とは何か――「摩訶止観」現代語訳』第三文明社、一九九二年。

菅野博史『法華経――永遠の菩薩道』大蔵出版、一九九三年。

菅野博史『法華経七つの譬喩――初めて学ぶ「法華経」』第三文明社、一九九三年。

菅野博史『法華玄義（上）』（上・中・下）、第三文明社、一九九五年。

菅野博史『法華経の出現――蘇る仏教の根本思想』大蔵出版、一九九七年。

菅野博史『法華経入門』岩波書店、二〇〇一年。

菅野博史『法華経思想史から学ぶ仏教』大蔵出版、二〇〇三年。

菅野博史『法華文句（Ⅰ）』第三文明社、二〇〇七年。

菅野博史『法華文句（Ⅱ）』第三文明社、二〇〇八年。

北野新太郎「唯識三性説に関する上田・長尾論争の問題点――〈単純構造〉と〈二重構造〉」（『佛教大学大学院紀要』第三三号、佛教大学）二〇〇五年。

木村周誠「中論三諦偈と十界互具」（『印度学仏教学研究』第五六巻第一号、日本印度学仏教学会）二〇〇七年。

久保継成「『法華経』はなぜ排他的差別的言辞を含むのか?」（『印度学仏教学研究』第五四巻第二号、日本印度学仏教学会）二〇〇六年。

雲井昭善『仏教の伝説』春秋社、一九五六年。

雲井昭善『仏典講座一〇　勝鬘経』大蔵出版株式会社、一九七六年。

雲井昭善『仏教誕生』平河出版社、一九八五年。

黒崎宏『ウィトゲンシュタインと禅』哲学書房、一九八七年。

黒崎宏『理性の限界内の「般若心経」』春秋社、二〇〇七年。

桑原知幸「人間尊重の精神と信頼」（『道徳教育』一〇八号、明治図書出版）一九六九年。

源信、石田瑞麿訳『往生要集一』平凡社、一九六三年。

源信、石田瑞麿訳『往生要集二』平凡社、一九六四年。

玄侑宗久『慈悲めぐる心象スケッチ』講談社、二〇〇六年。

廣賞佳「『法華経』の成立と思想の研究」（『愛知学院大学文学部紀要』第三六号、愛知学院大学文学部）二〇〇八年。

小嶋秀夫『新・児童心理学講座　第一四巻　発達と社会・文化・歴史』金子書房、一九九一年。

小林一郎『法華経大講座二』日新出版、一九六三年。

小林一郎『法華経大講座三』日新出版、一九六三年。

小林一郎『法華経大講座六』日新出版、一九六四年。

小林一郎『法華経大講座七』日新出版、一九六四年。

小林圓照「法華経の善友・善知識思想」（『印度学仏教学研究』第五五巻第一号、日本印度学仏教学会）二〇〇六年。

小林博英『教育の人間学的研究』九州大学出版会、一九八四年。

紺野馨「現代日本における「自然」概念の検討」（『駒澤短期大學佛教論集』第五号、駒澤短期大学仏教科研究室）一九九九年。

斎藤昭俊『近代仏教教育史』国書刊行会、一九七五年。

斎藤昭俊『宗教教育入門』佼成出版社、一九九〇年。

斎藤昭俊編『仏教における心の教育の研究』菅英志、二〇〇一年。

三枝充悳編集『講座仏教思想　第一巻（存在論・時間論）』理想社、一九七四年。

三枝充悳編集『講座仏教思想　第二巻（認識論・論理学）』理想社、一九七四年。

三枝充悳編集『講座仏教思想　第三巻（倫理学・教育学）』理想社、一九七四年。

三枝充悳『法華経現代語訳』（上・中・下）、レグルス文庫、一九七四年。

三枝充悳『インド仏教思想史』レグルス文庫、一九七五年。

三枝充悳編集『講座仏教思想　第四巻（人間学・心理学）』理想社、一九七五年。

三枝充悳『法華経現代語訳』第三文明社、一九七八年。

三枝充悳編集『講座仏教思想　第五巻（宗教論真理・価値論）』理想社、一九八二年。

三枝充悳編集『講座仏教思想　第六巻（人生観）』理想社、一九八二年。

三枝充悳編集『講座仏教思想　第七巻（文学論、芸術論）』理想社、一九八二年。

三枝充悳『中論――縁起・空・中の思想』（上・下）、レグルス文庫、一九八四年。

三枝充悳『仏教入門』岩波書店、一九九〇年。

三枝充悳『初期仏教の思想』（上・下）、レグルス文庫、一九九五年。

三枝充悳、岸田秀『仏教と精神分析』レグルス文庫、一九九七年。

三枝充悳『大乗とは何か』法蔵館、二〇〇一年。

坂井佑円「仏教哲学に基づく宗教多元主義の考察と宗教対話論」（『宗教研究』第七八巻第三号、日本宗教学会）

二〇〇四年。

坂本幸男、岩本裕訳注『法華経　上』岩波書店、二〇〇六年。

坂本幸男、岩本裕訳注『法華経　中』岩波書店、二〇〇四年。

坂本幸男、岩本裕訳注『法華経　下』岩波書店、二〇〇九年。

佐々木閑『犀の角たち』大蔵出版、二〇〇六年。

佐々木閑『日々是修行――現代人のための仏教一〇〇話』筑摩書房、二〇〇九年。

佐藤俊哉「『仏地経』における智慧について」(『大正大学大学院研究論集』第一〇号、大正大学出版部)一九八六年。

佐藤裕之『仏教と「十牛図」――自己を見つめる』角川学芸出版、二〇〇五年。

真田康道「『大品般若経』に見られる菩薩の無我――特に智慧の問題をめぐって」(『佛教大学大学院研究紀要』第一三号、佛教大学)一九八五年。

下程勇吉『教育人間学研究』法律文化社、一九八二年。

四天王寺勧学院編『現代語訳　勝鬘経義疏』宗教印刷株式会社、一九七六年。

柴田義松、小原秀雄、岩城正夫『人間・ヒトにとって教育とはなにか――教育人間学の試み』群羊社、一九八五年。

柴山全慶『十牛図』弘文堂書房、一九四一年。

島津現淳「三性三無性の一考察――識の転変に関連して」(『東海佛教』第二〇号、東海印度学仏教学会)一九七五年。

女性と仏教　東海・関東ネットワーク編『ジェンダーイコールな仏教をめざして』朱鷺書房、二〇〇四年。

白取春彦『図解「東洋哲学」は図で考えるともっと面白い』青春出版社、二〇〇五年。

末木文美士『仏教――言葉の思想史』岩波書店、一九九六年。

末木文美士『仏教思想』放送大学教育振興会、一九九七年。

末木文美士『現代と仏教――いま、仏教が問うもの、問われるもの』佼成出版社、二〇〇六年。

末木文美士『思想としての仏教入門』トランスビュー、二〇〇六年。

末木文美士『日本仏教の可能性』春秋社、二〇〇六年。

末木文美士『仏教vs.倫理』ちくま新書、二〇〇六年。

末木文美士『仏典をよむ――死からはじまる仏教史』新潮社、二〇〇九年。

末綱恕一「無分別智について」(『科学基礎論研究』第六巻四号、科学基礎論学会) 一九六四年。

末綱恕一「無分別智考」(『印度学仏教学研究』第四巻、日本印度学仏教学会) 一九六五年。

末綱恕一「分別智と無分別智」(『印度学仏教学研究』第一六巻、日本印度学仏教学会) 一九六七年。

末綱恕一「大悲と無分別智」(『印度学仏教学研究』第一八巻、日本印度学仏教学会) 一九六九年。

鈴木修学『道徳と宗教』青山書院、一九五九年。

鈴木修学『法華経七喩の話』青山書院、二〇〇〇年。

鈴木大拙著、北川桃雄訳『禅と日本文化』岩波書店、一九四〇年。

鈴木大拙『禅とは何か』角川学芸出版、一九四四年。

鈴木大拙「禅仏教に関する講演」(鈴木大拙、E・フロム、R・ディマルティーノ『禅と精神分析』東京創元社) 一九六〇年。

鈴木大拙著、上田閑照編『日本的霊性』岩波書店、一九七二年。

鈴木大拙著、上田閑照編『新編　東洋的な見方』岩波書店、一九九七年。

鈴木大拙『鈴木大拙全集　第七巻』岩波書店、一九九九年。

鈴木大拙『鈴木大拙全集　第十巻』岩波書店、二〇〇〇年。

鈴木大拙『鈴木大拙全集　第十二巻』岩波書店、二〇〇〇年。

鈴木大拙「一禅者の思索」鈴木大拙『鈴木大拙全集　第十五巻』岩波書店、二〇〇〇年。

鈴木大拙『鈴木大拙全集　第二十一巻』岩波書店、二〇〇一年。

鈴木大拙『鈴木大拙全集　第二十六巻』岩波書店、二〇〇一年。

鈴木大拙著、佐々木閑訳『大乗仏教概論』岩波書店、二〇〇四年。

鈴木大拙『無心ということ』角川学芸出版、二〇〇七年。

芹川博通『国家・教育と仏教――現代を生きるための指針』北樹出版、二〇〇五年。

相馬一意「梵文和訳『菩薩地』」(『佛教學研究』第四三号、龍谷大學佛教學會)一九八七年。

曾根正人『聖徳太子と飛鳥仏教』吉川弘文館、二〇〇七年。

大正大学綜合仏教研究所「仏教的人間学」研究会編『仏教の人間観』北樹出版、二〇〇七年。

高神覚昇『勝鬘経講義』八雲書店、一九四四年。

高楠順次郎編『大正新修大蔵経　第九巻　法華部全　華厳部上』大正一切経刊行会、一九一三年。

高崎直道『大乗仏典　第十二巻』中央公論社、一九四五年。

高崎直道『如来蔵思想の形成――インド大乗仏教思想研究』春秋社、一九七四年。

高崎直道『大乗仏典一二　如来蔵系経典』中央公論社、一九七五年。

高崎直道ほか『如来蔵思想〈講座大乗仏教六〉』春秋社、一九八二年。

高崎直道『唯識思想』春秋社、一九八二年。

高崎直道『仏教入門』東京大学出版会、一九八三年。

高崎直道『唯識入門』春秋社、一九九二年。

高崎直道『仏性とは何か』法蔵館、一九九七年。

高崎直道訳『大乗仏典一二　如来蔵系経典』中央公論新社、二〇〇四年。

高崎直道・ひろさちや『なぜ仏教で人は救われるのか　超現代仏教論』三水舎、二〇〇七年。

田上太秀『菩提心の研究』東京書籍、一九九〇年。

田上太秀『仏教と性差別』東京書籍、一九九二年。

田上太秀『釈尊の譬喩と説話』レグルス文庫、一九九三年。

田上太秀『禅の思想――インド源流から道元まで』東京書籍、一九九八年。

田上太秀『仏陀のいいたかったこと』講談社、二〇〇〇年。

田上太秀『道元の考えたこと』講談社、二〇〇一年。

田上太秀『仏性とはなにか――『涅槃経』を解き明かす』大蔵出版、二〇〇三年。

田上太秀『『涅槃経』を読む　ブッダ臨終の説』講談社、二〇〇四年。

田上太秀『仏教と女性――インド仏典が語る』東京書籍、二〇〇四年。

田上太秀「仏教教育とは何か」（『日本仏教教育学研究』第一六号、日本仏教教育学会）二〇〇八年。

武田浩学「諸法実相と如実相――「諸法すなわち実相」の源流」（『印度学仏教学研究』第五五巻第一号、日本印度学仏教学会）二〇〇六年。

多田孝正『《佛典講座二六》法華玄義』大蔵出版、一九八五年。

多田厚隆『摩訶止観講述――止観明静（一）』山喜房佛書林、二〇〇五年。

竹内義彰「はしがき」（下程勇吉編『教育人間学研究』法律文化社）一九八二年。

田辺和子『仏教物語ジャータカをよむ』ＮＨＫ出版、二〇〇五年。

趙明烈「宮沢賢治の作品に現れた法華思想」（『印度学仏教学研究』第五一巻第二号、日本印度学仏教学会）二〇〇五年。

土井雅弘「在るべき道徳の時間」（『道徳と教育』三二六号、日本道徳教育学会）二〇〇八年。

長尾雅人『インド古典叢書　摂大乗論　和解と注解　上』講談社、一九八二年。

長尾雅人『「維摩経」を読む』岩波書店、一九八六年。

長尾雅人ほか訳『大乗仏典〈七〉維摩経・首楞厳三昧経』中央公論新社、二〇〇二年。

長尾重輝『唯識という思想――心の深層を開く』自照社出版、二〇〇九年。

中村瑞隆『仏教を読む④　ほんとうの道　法華経』集英社、一九八四年。

中村瑞隆『釈尊とその思想』法華新書、一九五五年。

中村元『慈悲〈サーラ叢書一〉』平楽寺書店、一九五六年。

中村元『釈尊伝　ゴータマ・ブッダ』法蔵館、一九五八年。

中村元、紀野一義『般若心経・金剛般若経』岩波書店、一九六〇年。

中村元「『愛』の理想と現実」(仏教思想研究会編『仏教思想一　愛』平楽寺書店)一九七五年。

中村元『ブッダの世界』学習研究社、一九八〇年。

中村元監修・補註『ジャータカ全集』一―一〇巻、春秋社、一九八四―一九八八年。

中村元『ブッダ　神々との対話』岩波文庫、一九八六年。

中村元『日本人の思惟方法』春秋社、一九八九年。

中村元・田辺和子『ブッダ物語』岩波ジュニア新書、一九九〇年。

中村元『ブッダ入門』春秋社、一九九一年。

中村元『仏典をよむ四　大乗の教え(下)』岩波書店、二〇〇一年。

中村元『広説仏教語大辞典　中巻』東京書籍株式会社、二〇〇一年。

中村元、福永光司ほか編『岩波　仏教辞典　第二版』岩波書店、二〇〇二年。

中村元『釈尊の生涯』平凡社、二〇〇三年。

中村元『「華厳経」「楞伽経」』東京書籍株式会社、二〇〇三年。

中村元『「維摩経」「勝鬘経」』東京書籍株式会社、二〇〇三年。

中村元『「法華経」』東京書籍株式会社、二〇〇三年。

中村元『「新版」宗教における思索と実践』株式会社サンガ、二〇〇九年。(初版は一九四九年)

中村雄二郎『宗教とはなにか――とくに日本人にとって』岩波書店、二〇〇三年。

西義雄『原始仏教に於ける般若の研究』大倉山文化科学研究所、一九五三年。

西義雄編『大乗菩薩道の研究』平楽寺書店、一九六八年。

西義雄『仏教思想と現代』東洋哲学研究所、一九七五年。

西谷啓治『根源的主体性の哲学』弘文堂書房、一九四〇年。

西谷啓治『宗教とは何か』創文社、一九六一年。

西谷啓治、柳田聖山編『禅家語録Ⅱ　世界古典文学全集　第三十六巻B』筑摩書房、一九七四年。

西谷啓治『現代社会の諸問題と宗教』法蔵館、一九七八年。

西谷啓治、吉川幸次郎『この永遠なるもの』一燈園燈影舎、一九八五年。

西谷啓治『西谷啓治著作集　第四巻』創文社、一九八七年。

西谷啓治著、上田閑照編『宗教と非宗教の間』岩波書店、二〇〇一年。

日本仏教学会編『仏教と教育の諸問題』平楽寺書店、一九七一年。

日本連合教育会・編者代表天野貞祐『宗教的情操の教育――その原理と方法および資料』日本図書センター、一九六八年。

バートランド・ラッセル著、大竹勝訳『宗教は必要か』荒地出版社、一九六四年。

袴谷憲昭『本覚思想批判』大蔵出版、一九九〇年。

袴谷憲昭「唯識文献における無分別智」(『駒沢大学大学院仏教学研究会年報』第一九号、駒沢大学大学院仏教学研究会)一九六〇年。

袴谷憲昭『仏教入門』大蔵出版、二〇〇四年。

袴谷憲昭『日本仏教文化史』大蔵出版、二〇〇五年。

秦隆真先生追悼論文集刊行会『仏教と社会福祉』佛教大學、一九七七年。

羽渓了諦『佛教教育学』大東出版社、一九三六年。

早川進「唯識説に基づく心理学的自我の研究――特に現象学的人格論と唯識三十頌とを中心として」(『佛教大学大学院研究紀要』第三号、佛教大学)一九七三年。

早川進「唯識実存分析論研究」(『佛教大学大学院研究紀要』第五号、佛教大学)一九七七年。

早島鏡正ほか『インド思想史』東京大学出版会、一九八二年。

早島鏡正『ゴータマ・ブッダ』講談社学術文庫、一九九〇年。

東ゆみこ『大人のための仏教童話』光文社、二〇〇九年。

久松真一・西谷啓治編『禅の本質と人間の真理』創文社、一九六九年。

久松真一『久松真一著作集　第一巻』理想社、一九七一年。

久松真一『久松真一著作集　第二巻』理想社、一九七二年。

久松真一『久松真一著作集　第三巻』理想社、一九七一年。

久松真一、山口益、古田紹欽編『鈴木大拙――人と思想』岩波書店、一九七一年。

久松真一『久松真一著作集　第六巻』理想社、一九七三年。

久松真一・八木誠一『覚の宗教』春秋社、一九八〇年。

久松真一著、藤吉慈海校訂・解説『東洋的無』講談社学術文庫、一九八七年。

富貴原章信「唯識論の阿頼耶識」(『大谷学報』第三三(三)号、大谷学会)一九五三年。

平川彰、梶山雄一、高崎直道『講座・大乗仏教六　如来蔵思想』春秋社、一九八二年。

平川彰『仏教を読む⑤　自在に生きる　涅槃経』集英社、一九八四年。

平川彰『法華経の世界』東方出版、一九八九年。

平川彰『インド　中国　日本　仏教通史』春秋社、一九九七年。

平川彰『大乗仏教入門』レグルス文庫、一九九八年。

平川彰、望月良晃『法華経を読みとく』(上・下)、春秋社、二〇〇〇年。

深浦正文『唯識学研究』(上・下)、永田文昌堂、一九五四年。

船岡誠「道元禅師における自利利他の論理構造と冥合の論理」(『宗教研究』第二一号、曹洞宗宗教研究所)一九七九年。

前田專學ほか『中村元――仏教の教え　人生の知恵』河出書房新社、二〇〇五年。

増谷文雄「第一部　知恵と慈悲の源流」（増谷文雄、梅原猛『仏教の思想Ⅰ』角川書店）一九六八年。

松久保秀胤『唯識初歩　心を見つめる仏教の智慧』鈴木出版、二〇〇一年。

松濤誠廉、長尾雅人、丹治昭義訳『大乗仏典　第四巻』中央公論社、一九七五年。

松濤誠廉、長尾雅人、丹治昭義訳『大乗仏典　第五巻』中央公論社、一九七五年。

松原哲明『仏教を読む②　宇宙観を開く　華厳経』集英社、一九八四年。

松原哲明『図説　あらすじで読む　禅の教え』青春出版社、二〇〇七年。

松本史朗『縁起と空――如来蔵思想批判』大蔵出版、一九八九年。

水野弘元『仏教の基礎知識』春秋社、一九七一年。

水野弘元『釈尊の生涯と思想』佼成出版社、一九八九年。

水野弘元『釈尊の人間教育学』佼成出版社、一九九四年。

水野弘元『仏教要語の基礎知識』春秋社、二〇〇六年。

水野弘元『原始仏教入門――釈尊の生涯と思想から』佼成出版社、二〇〇九年。

美濃部仁編『京都哲学選書　第二十一巻　久松真一「覚の哲学」』燈影舎、二〇〇二年。

宮島磨「曇鸞の浄土理解をめぐって――『自利』と『利他』という観点から」（『哲学年報』第六三号、九州大学大学院人文科学研究院）二〇〇四年。

村中祐生「大乗菩薩僧の利他と伝戒」（『天台学報』第四四号、天台学会）二〇〇二年。

村中祐生「利他の理念と報因報果」（佐藤良純教授古稀記念論文集刊行会『佐藤良純教授古稀記念論文集　インド文化と仏教思想の基調と展開〈第一巻〉』山喜房佛書林）二〇〇三年。

持田栄一『仏教と教育』日本評論社、一九七九年。

望月信亨『望月佛教大辞典　第二巻』世界聖典刊行協会、一九三二年。

望月信亨『望月仏教大辞典　第一巻』世界聖典刊行協会、一九三三年。

望月信亨『望月仏教大辞典　第三巻』世界聖典刊行協会、一九三三年。

望月信亨『望月仏教大辞典　第五巻』世界聖典刊行協会、一九三三年。

望月一憲「法華経の譬喩について」(『印度学仏教学研究』第一五巻第一号、日本印度学仏教学会)一九六六年。

森昭『教育人間学（上）　森昭著作集　第四巻』黎明書房、一九七八年。

森田良昭「『大乗荘厳経論』「菩提品」の研究（Ⅰ）――特に、スティラマティの註釈を中心として」(『駒沢大学大学院仏教学研究会年報』第二八号、駒沢大学大学院)一九九五年。

文部科学省「中学校学習指導要領　第三章　道徳」二〇〇八年三月告示。

柳沼良太「問題解決型の道徳授業の理論と方法――デューイの道徳教育論と関連づけて」(『道徳と教育』三二六号、日本道徳教育学会)二〇〇八年。

矢口卓『ジャータカとブッダのお話』グラフ社、二〇〇三年。

矢島忠夫「『法華経』における「諸法実相」、Dharma-Svabhāva, in "Saddharmapuṇḍarīka"」(『弘前大学教育学部紀要』第九三号、弘前大学教育学部)二〇〇五年。

山口益『仏教における有と無との対論』弘文堂書房、一九四一年。

山口益『仏教学序説』平楽寺書店、一九六一年。

山口益『大乗としての浄土』理想社、一九六三年。

山口益『空の世界』理想社、一九六七年。

山口益『仏教思想入門』理想社、一九六八年。

山口益『般若思想史』法蔵館、一九九九年。

山口益『空の世界――龍樹から親鸞へ』大法輪閣、二〇〇六年。

山崎高哉『応答する教育哲学』ナカニシヤ出版、二〇〇三年。

山崎正一、市川浩著『現代哲学事典』講談社、一九七〇年。

山田無文『十牛図　禅の悟りにいたる十のプロセス』禅文化研究所、一九八五年。

横山紘一『唯識思想入門』第三文明社、一九七六年。

横山紘一『唯識の哲学』平楽寺書店、一九七九年。

横山紘一『十牛図の世界』講談社、一九八七年。

横山紘一『十牛図・自己発見への旅』春秋社、一九九一年。

横山紘一『「唯識」という生き方』大法輪閣、二〇〇一年。

横山紘一『唯識とは何か』春秋社、二〇〇一年。

横山紘一『やさしい唯識――心の秘密を解く』NHK出版、二〇〇二年。

横山紘一『十牛図入門――「新しい自分」への道』幻冬舎、二〇〇八年。

横山紘一『仏教思想へのいざない――釈尊からアビダルマ・般若・唯識まで』大法輪閣、二〇〇八年。

横山紘一『唯識でよむ般若心経――空の実践』大法輪閣、二〇〇九年。

吉田道興「瑜伽行・唯識派の人間観」（『駒沢大学大学院仏教学研究会年報』第七号、駒沢大学大学院仏教学研究会）一九七三年。

吉津宜英「華厳教学と『法華経』」（勝呂信靜博士古稀記念論文集刊行会編『勝呂信靜博士古稀記念論文集』山喜房佛書林）一九九六年。

若原雄昭「潜在印象（vāsanā）と知覚（pratyakṣa）――知識の真偽に関する唯識派の見解」（『仏教学研究』第四四号、龍谷大学仏教学会）一九九〇年。

和田修二『教育的人間学〈改訂版〉』放送大学教育振興会、一九九八年。（初版は一九九四年）

渡辺新信「菩提心について――特に『仏性論』を中心として」（『大正大学大学院研究論集』第七号、大正大学大学院）一九八三年。

著者紹介
1982年愛知県生まれ。
2005年名古屋大学教育学部人間発達科学科卒業。
2010年名古屋大学大学院教育発達科学研究科博士課程後期課程修了。
博士（教育学）。
現在、名古屋産業大学環境情報ビジネス学部講師。

人間形成《にんげんけいせい》における「如来蔵思想《にょらいぞうしそう》」の教育的道徳的意義《きょういくてきどうとくてきいぎ》

2011年 8 月20日　初版第一刷発行

著　者　岩瀬《いわせ》 真寿美《ますみ》

発行者　佐 藤 今 朝 夫

〒174-0056 東京都板橋区志村 1 -13-15
発行所　株式会社　国 書 刊 行 会
TEL.03(5970)7421(代表) FAX.03(5970)7247 http://www.kokusho.co.jp

落丁本・乱丁本はお取替いたします。印刷・㈱エーヴィスシステムズ　製本・㈲青木製本
ISBN978-4-336-05414-2